Le bébé et sa mère

DONALD W. WINNICOTT

AUX ÉDITIONS PAYOT

De la pédiatrie à la psychanalyse
Processus de maturation chez l'enfant
L'Enfant et sa famille
L'Enfant et le Monde extérieur
Fragment d'une analyse
La Petite « Piggle »
Le Bébé et sa mère
Déprivation et délinquance
Conseils aux parents
L'Enfant, la Psyché et le Corps
Agressivité, culpabilité et réparation
Les Enfants et la Guerre
La Mère suffisamment bonne
La Famille suffisamment bonne
Les Objets transitionnels
La Relation parent-nourrisson
La Capacité d'être seul
La Haine dans le contre-transfert

Donald W. Winnicott

Le bébé et sa mère

Édité par Clare Winnicott, Ray Sheperd
et Madeleine Davis

*Traduit de l'anglais
par Madeleine Michelin et Lynn Rosaz*

**PETITE BIBLIO
PAYOT**

Cet ouvrage porte le numéro 1263 dans la collection
« Petite Bibliothèque Payot »

TITRE ORIGNAL :
Babies and their Mothers
(Addison-Wesley Publishing Co., Reading)

PRÉFACE
À L'ÉDITION ANGLAISE

Au cours des années qui suivirent la mort de Donald Winnicott en 1971, on décida de regrouper et de publier sous son nom les textes encore inédits et les articles parus uniquement dans des revues ou des ouvrages collectifs.

Les textes réunis dans ce livre traitent essentiellement des processus psychologiques qui interviennent chez le nourrisson lors de sa naissance et de la période qui suit, quand « dans le psychisme rudimentaire du bébé, sa mère et lui ne sont alors pas encore séparés ». L'auteur étudie les implications qui en résultent pour les personnes s'occupant des nouveau-nés et de leurs mères.

Nous espérons que ceux qui travaillent dans ce domaine trouveront ce livre utile et agréable et qu'il intéressera une nouvelle génération de lecteurs prêts à tirer profit de la capacité de Winnicott à saisir l'éternel au cœur de l'éphémère.

Ray SHEPHERD,
Madeleine DAVIS.
Londres, 1986

INTRODUCTION

par Benjamin Spock

Quand je repense aux années 1930 et à mes débuts de pédiatre à New York, je me souviens de mon excitation en découvrant le premier livre du Dr Winnicott[1]. Ce psychanalyste londonien avait commencé sa carrière comme pédiatre et comprenait particulièrement bien la relation mère-nourrisson. Il a été pour moi la voix de la sagesse.

À cette époque, je tâtonnais dans mon travail et je me sentais frustré. Lors de mon internat en pédiatrie, l'idée m'était venue – certainement pas à l'instigation d'un de mes professeurs ou collègues – de suivre une formation en psychologie afin d'exercer une pédiatrie satisfaisante

---

1. Donald W. Winnicott, *Clinical Notes on Disorders of Childhood*, Londres, Heinemann, 1931. *(N.d.T.)*

pour les mères et de m'assurer que les conseils que je leur donnais étaient judicieux. J'étais en effet d'une nature excessivement consciencieuse et scolaire. Peut-être cette idée est-elle née du sentiment qu'il devait exister une manière plus agréable d'élever les enfants que ne l'avait été la tyrannie de ma mère. Ma mère aimait les bébés et s'était consacrée entièrement à ses six enfants, mais sa moralité victorienne nous avait tous opprimés et avait fait de nous des adultes persuadés qu'ils sont coupables jusqu'à preuve de leur innocence.

J'avais écrit à trois professeurs de pédiatrie pour me renseigner sur une éventuelle formation en psychologie à l'intention des pédiatres. Tous me répondirent que cela n'existait pas. Conformément à la tradition médicale, je demandai un poste d'interne en psychiatrie au New York Hospital – Cornell Medical School – où je passai une année à m'occuper surtout d'adultes schizophrènes et maniaco-dépressifs (j'aurais mieux fait d'étudier le développement de l'enfant dans une université). Je constatai que seuls les membres de l'équipe ayant une formation analytique rendaient nos discussions cliniques intéressantes. Ce fut l'unique avantage de cette année d'internat. À l'époque où je m'installai comme pédiatre, je décidai de suivre une formation, c'est-à-dire une analyse personnelle, cinq ans de séminaires du soir et la cure supervisée d'un patient. J'aurais pu, comme Winnicott, devenir psychanalyste si j'avais réussi à rendre mon patient heureux. Or je ne l'ai pas aidé même si j'ai beaucoup appris.

Ma formation analytique m'a apporté un cadre théorique solide mais ne m'a pas offert de conseils pratiques à donner à une mère angoissée dont l'enfant suce son pouce, résiste au sevrage et à l'apprentissage de la propreté ou présente des troubles de l'alimentation ou du sommeil. Tout en me sentant encore peu sûr de moi et mal à l'aise, je parvenais à conseiller les mères de mon mieux ; j'écoutais ensuite attentivement ce qu'elles me disaient lors de la visite suivante – et de celle d'après.

J'étais installé depuis cinq ans lorsqu'un éditeur me demanda d'écrire un livre destiné aux parents. Je répondis sans hésiter que je manquais d'expérience. Cinq ans plus tard, les éditions Pocket Books m'adressèrent un curieux personnage qui me dit ne pas avoir besoin d'un très bon livre puisque, à vingt-cinq cents l'exemplaire, on en vendrait des dizaines de milliers. Comme cette offre sollicitait à la fois mon côté bon samaritain et ma peur de me poser en expert, je me mis au travail. Ces éditeurs ne m'avaient pas choisi parce que j'étais connu – j'étais d'ailleurs totalement inconnu si ce n'est d'une petite clientèle de mères s'intéressant à la psychologie. Ils m'avaient choisi parce que, d'après leur enquête, j'étais l'unique pédiatre à avoir reçu une formation psychiatrique et psychanalytique.

Winnicott cherchait plus à donner un sens aux choses que des conseils pratiques aux mères. Je trouvais pourtant ses livres et ses articles intéressants et dignes de confiance. Sa formation analytique et son travail de psychanalyste avec des adultes, des enfants et des patients psychotiques borderline lui permettaient de mieux comprendre toutes les subtilités de la relation mère-enfant et des phases qu'ils traversent l'un et l'autre. Il est ainsi devenu l'un des principaux théoriciens du mouvement psychanalytique britannique et la plupart de ses écrits traitent de ce thème. Personnellement, il m'a aidé à combler le fossé entre la pédiatrie et la dynamique du développement de l'enfant.

Ce livre rassemble des conférences données par Winnicott non pas à des psychanalystes mais à des pédiatres, médecins généralistes, infirmières, sages-femmes, institutrices d'école maternelle et parents, aussi bien à l'occasion de congrès internationaux qu'en Grande-Bretagne. Quelques exemples illustreront ses idées fondamentales.

Dans « La mère ordinaire normalement dévouée », Winnicott exprime une foi profonde (qui apparaît aussi dans d'autres chapitres) en la compétence d'une mère et en son intuition très juste concernant les sentiments et les besoins de son bébé. Cela, dit-il, donne confiance au bébé et favorise son développement de plus en plus complexe.

La mère acquiert cette intuition d'abord par son extraordinaire capacité d'identification à son bébé qui, à son tour, se développe en s'identifiant à elle. Dans un premier temps, le bébé croit que sa mère et lui ne sont qu'une seule et même personne. Puis, progressivement, il ressent et affirme son autonomie. Personne ne doit intervenir dans la relation précoce entre la mère et son bébé – ni les médecins, ni les infirmières, ni les puéricultrices, ni les nurses sans formation psychologique –, au risque de saper la confiance de la mère en elle-même et, de plus, l'intégrité du bébé.

Dans une émission de radio destinée aux mères, Winnicott, qui se place *toujours* de leur côté, met à nouveau l'accent sur l'importance de la différence entre ce qu'une mère *sait* et ce qu'elle *apprend*. Grâce à son intuition, une mère sait ou découvre très vite comment « porter et manier » un bébé afin de procurer confort et sécurité à son enfant et à elle-même. Je pense à un autre exemple, celui d'un enfant qui se fait mal, grimpe sur les genoux de sa mère et, très malheureux, pleure comme un nourrisson. Sa mère sait sans se poser de questions que l'enfant a besoin de redevenir un bébé pendant dix minutes et qu'il retrouvera son âge réel aussitôt après.

C'est bien différent quand le médecin apprend à la mère quelles vitamines sont nécessaires et à quel dosage. Winnicott affirme : Ne laissez pas le corps médical détruire votre confiance en ce que vous savez naturellement chaque fois qu'il cherche à vous instruire.

Dans « L'allaitement au sein et la communication », Winnicott commence par se démarquer de ceux qui essaient de *forcer* les mères à donner le sein (je partage son avis). Les médecins, les infirmières et les puéricultrices ne peuvent guère faire plus que de créer une ambiance qui permette à la mère de croire en elle-même et de se fier à ses réactions intuitives. Cependant, quand il parle de l'allaitement au sein, Winnicott insiste d'une part sur le rôle du goût, de l'odeur et des autres expériences sensuelles chez le bébé et, d'autre part, sur le sentiment d'accomplissement qu'éprouve la mère. Il aborde ensuite l'allaitement sous un double aspect. Le bébé plus âgé est parfois saisi d'une impulsion à mordre le mamelon et apprend à réprimer cette impulsion. La mère peut aussi la réprimer simplement en se protégeant, sans chercher à se venger. On pourrait dire que le bébé découvre une nouvelle dimension de l'amour à travers son agressivité. Il découvre qu'un objet précieux tel que le sein peut survivre à ses impulsions hostiles. La psychanalyse des adultes et des enfants nous aide à comprendre la complexité du développement affectif.

Dans « Contribution de la psychanalyse au travail des sages-femmes et des puéricultrices », Winnicott rappelle que de nombreux problèmes liés à la vie génitale de la femme, aux règles et à la maternité proviennent de facteurs affectifs, au moins en partie. Il félicite les sages-femmes d'être de plus en plus à l'écoute de ces facteurs. Il dit qu'une femme en train d'accoucher ne peut pas s'en remettre à un membre de l'équipe médicale si elle n'a pas appris à le connaître et à lui faire confiance au cours de sa grossesse.

Il arrive que, pendant et après son accouchement, une femme soit particulièrement sensible à l'attitude trop dominatrice d'une sage-femme, d'une infirmière, d'une puéricultrice ou d'une nurse. Derrière le comportement de cette femme, on retrouve souvent les exigences de sa propre mère. Winnicott a cette idée en tête quand il supplie le corps médical de ne pas vouloir à tout prix contrôler l'allaitement au sein et de faire confiance à l'intuition de la mère.

Dans une conférence intitulée « La communication entre le nourrisson et la mère et la mère et le nourrisson : comparaisons et contrastes », Winnicott met en parallèle la dépendance absolue du nouveau-né et l'extraordinaire préoccupation de la mère pour son enfant. Cet état, parfois si intense que la mère craint d'avoir été transformée en légume, ne dure que quelques semaines et permet une identification forte et décisive de la mère avec son bébé dès le début. Elle y a été préparée car elle-même a été un bébé, elle a joué à la maman et au bébé, et, lors de ses maladies, elle a régressé à des comportements infantiles. Au contraire, tout est nouveau pour le bébé. Les mots et le temps ne veulent rien dire pour lui. Il est prêt à devenir un être humain mais, pour y arriver, il a besoin d'une « mère ordinaire normalement dévouée ».

La mère communique avec son enfant par les intonations de sa voix (les mots importent peu), par sa façon de le porter *(holding)*, de le manier *(handling)* et de le bercer. Elle communique aussi avec lui par sa respiration et les battements de son cœur et par son adaptation à l'évolution progressive de ses besoins quotidiens.

Cela se résume en deux mots : fiabilité et amour. Toutefois, comme le souligne Winnicott, même le meilleur des êtres humains connaît des défaillances, et plus souvent qu'à son tour. C'est parce que la fiabilité fait parfois défaut que le nourrisson apprend à en connaître l'existence. Comme, en même temps, la mère ne cesse de pallier ses propres défaillances, adaptation et réussite prennent un sens pour la mère et le bébé. (Lorsqu'elle n'y arrive pas, de graves déprivations et des déformations du développement s'ensuivent.) La mère et le bébé communiquent aussi par leur interaction ludique et, plus encore, par les expressions du visage de la mère qui sait intuitivement apporter au bébé exactement ce qu'il désire – un changement de position, le sein ou le biberon. Le bébé apprend alors ce que sont la maîtrise, l'omnipotence et la créativité.

Quand Winnicott en vient à la communication entre le nouveau-né et sa mère, il met en évidence la force de l'apparente impuissance du bébé qui rend les parents impuissants à lui résister.

Pour conclure, je voudrais dire que mon plaisir à lire Winnicott provient, entre autres, des surprenants contrastes qu'offre son écriture. Sérieuse, analytique et issue d'une réflexion approfondie, elle cède soudain le pas à un langage plus terre à terre : « Un bébé, c'est autre chose que de la chair et des os [...]. Elle a envie de mettre le sein de force dans la bouche du bébé ou d'écraser la bouche du bébé contre le sein [...]. Puis, un beau jour, elles découvrent qu'elles reçoivent chez elles un nouvel être humain qui décide de s'installer [...]. Va au diable, petit bougre. »

Dr Benjamin Spock

1

La mère ordinaire
normalement dévouée[1]

Que dire de nouveau sur un sujet déjà bien rebattu ? Mon nom est maintenant lié à cette expression, et peut-être devrais-je m'en expliquer.

Un jour d'été, en 1949, j'allais prendre un verre avec Mlle Isa Benzie, productrice à la BBC, qui m'a laissé un excellent souvenir et qui est aujourd'hui à la retraite. Pendant que nous marchions, elle me proposa de faire une série de neuf causeries à la radio et me donna carte blanche quant au choix du sujet. Elle était, bien sûr, en quête d'un titre accrocheur

---

1. Conférence prononcée à la Nursery School Association of Great Britain and Ireland, London Branch, 16 février 1966.

pour ses émissions, mais je l'ignorais. Je lui précisai que je ne voulais pas dire aux auditeurs comment s'y prendre. D'ailleurs, je n'en savais rien. J'avais envie de parler aux mères de ce qu'elles font bien, de ce qu'elles font bien simplement parce que chaque mère est dévouée à la tâche qui lui incombe, à savoir les soins nécessaires à un nourrisson, éventuellement à des jumeaux. Je lui dis que, normalement, les choses se passent ainsi et qu'il est exceptionnel pour un bébé de commencer sa vie sans bénéficier des soins d'une telle spécialiste. Nous n'avions pas fait vingt mètres qu'Isa Benzie avait compris. Elle s'écria : « Formidable ! La mère ordinaire normalement dévouée. » Le problème était réglé.

Comme vous pouvez vous en douter, on s'est souvent moqué de moi à propos de cette expression. Il y a même des gens qui s'imaginent que je suis sentimental quand je parle des mères, que je les idéalise, que je ne m'intéresse pas aux pères et que je refuse d'admettre que certaines mères sont épouvantables, voire impossibles. Je suis bien obligé de m'accommoder de ces légers inconvénients. En effet, je n'ai pas honte de ce qu'impliquent ces mots.

On me critique aussi parce qu'on m'a entendu dire que lorsqu'une mère échoue dans sa fonction de « mère ordinaire normalement dévouée », cette défaillance est un des facteurs étiologiques de l'autisme. On peut croire qu'il s'agit là d'une accusation si, fidèle à une certaine logique, on se réfère aux conséquences de cette défaillance de la « mère ordinaire normalement dévouée ».

Or n'est-il pas naturel de penser que, si ce que j'appelle dévouement a réellement de l'importance, son absence ou son échec relatif ont des conséquences fâcheuses ? J'y reviendrai quand je parlerai du sens du mot « blâmer ».

Comme vous le voyez, je ne peux m'empêcher d'enfoncer des portes ouvertes. Je manque d'originalité quand je dis que dévouée signifie tout simplement dévouée. Supposons qu'on vous charge de vous occuper des fleurs de l'autel à l'église à la fin de chaque semaine. Si vous acceptez de le faire, vous n'oubliez pas. Le vendredi, vous vous assurez que les fleurs que vous devez disposer sont bien là. Si vous avez la grippe, vous téléphonez à droite et à gauche ou vous envoyez un message par l'intermédiaire du laitier, même si vous ne supportez pas l'idée que quelqu'un d'autre puisse accomplir cette tâche aussi bien que vous. Quand les fidèles se rassemblent le dimanche, on n'a jamais vu un autel nu ou des fleurs fanées trempant dans de l'eau sale déshonorer le sanctuaire au lieu de l'honorer. On ne peut pas dire, du moins je l'espère, que du lundi au jeudi, vous passez vos journées à vous énerver ou à vous faire du souci. Le problème dort tranquillement dans un coin de votre esprit.

Il ne s'éveille, et ne vous réveille, que le vendredi ou le samedi.

De même, les femmes ne se croient pas obligées de passer leur vie à s'occuper d'un bébé. Elles jouent au golf, elles ont un métier prenant qui les passionne, elles pratiquent tout naturellement diverses activités masculines telles que se montrer irresponsable, penser que tout va de soi ou participer à des courses automobiles. Cette période du lundi au vendredi que j'ai évoquée à propos des fleurs de l'autel relève du même état d'esprit.

Puis, un beau jour, elles découvrent qu'elles reçoivent chez elles un nouvel être humain qui décide de s'installer et qui, comme le personnage interprété par Robert Morley dans *L'Homme qui est venu dîner*, a des exigences de plus en plus pressantes. Bien plus tard, la

paix et la tranquillité reviendront et permet-
tront à ces femmes de s'exprimer de façon plus
directe. Pendant ce week-end prolongé – vendredi, samedi, dimanche –, elles n'ont pu s'exprimer qu'en s'identifiant à ce qui, avec un peu
de chance, va devenir un bébé et accéder à l'autonomie sans la moindre reconnaissance envers
celle qui l'a nourri.

Heureusement, ces neuf mois permettent
à la femme de passer progressivement de la
première forme d'égoïsme à la seconde. On
observe le même phénomène chez les pères
ainsi que chez les gens qui décident d'adopter un bébé. Ils s'habituent à cette idée, ils y
pensent sans cesse. Puis, un jour, il faut que
le bébé devienne une réalité. Hélas ! les futurs
parents adoptifs sont souvent déçus et, lorsqu'on leur propose enfin un bébé, ils ne sont
plus certains de le vouloir.

Je tiens à mettre l'accent sur l'importance
de ce temps de préparation. Lors de mes études
de médecine, j'avais un ami poète. Nous par-
tagions avec d'autres étudiants un appartement
sympathique dans le quartier pauvre de North
Kensington. Voici comment nous avions trouvé
cet appartement.

Un jour, mon ami le poète, qui était très grand, indolent et fumait beaucoup, descendait une rue où toutes les maisons se ressemblaient. Il en vit une qui lui parut accueillante et il sonna à la porte. Une femme lui ouvrit. Son visage lui plut et il lui dit : « Je veux habiter ici. » Elle répondit : « J'ai un logement à louer. Quand comptez-vous arriver ? » Il déclara : « Je suis arrivé. » Il entra et, lorsqu'elle lui montra la chambre, il dit : « Je suis malade. Je me couche tout de suite. À quelle heure puis-je prendre le thé ? » Il se coucha et resta au lit pendant six mois. Quelques jours plus tard, nous nous étions, à notre tour, tous confortablement installés dans les lieux ; le poète resta pourtant le préféré de notre logeuse.

La nature a décrété qu'un bébé ne choisit pas sa mère. Il débarque un beau jour et sa mère dispose alors de quelques mois pour se réorienter et découvrir que, pour elle, l'orient n'est pas à l'est mais au centre (peut-être même un peu décentré).

Comme vous le savez sûrement, je fais l'hypothèse – et je suppose que tout le monde est d'accord – que, *normalement*, la femme atteint un stade dont, *normalement*, elle se remet au cours des semaines et des mois qui suivent la naissance du bébé, stade pendant lequel, dans une large mesure, elle est le bébé et le bébé est elle. Cela n'a rien de mystérieux. Après tout, elle aussi a été un bébé et elle se rappelle qu'elle a été un bébé. Elle se souvient également des soins qu'on lui a donnés et ces souvenirs constituent soit une aide, soit un obstacle dans sa propre expérience de mère.

Lorsque le bébé est prêt à venir au monde, la mère, qui connaît bien ses besoins, est en mesure de l'accueillir si son mari ou les services sociaux, ou les deux, se sont correctement occupés d'elle. Comprenez que je ne fais pas seulement allusion à sa capacité de savoir par exemple si le bébé a faim ou non. Je pense à une multitude de choses subtiles que seul mon ami le poète saurait mettre en mots. Le mot *hold* (« maintenir ») me paraît satisfaisant et je l'utilise pour décrire tout ce qu'une mère est et fait à ce moment-là. Je crois que cette période est critique mais j'ose à peine le dire, car il serait dommage d'obliger une femme à prendre conscience de ce que, *naturellement*, elle est et fait naturellement. Cela ne s'apprend pas dans les livres. Même Spock n'est d'aucun secours à une mère quand elle sent que le bébé a besoin d'être pris dans les bras ou reposé dans son berceau, laissé seul ou changé de côté, quand elle se rend compte que l'expérience la plus simple est aussi la plus fondamentale, à savoir le contact non actif entre la mère et son enfant : tous deux ont le sentiment de ne faire qu'un alors qu'en fait ils sont deux. Cette expérience permet au bébé d'être, ce qui lui donnera par la suite la possibilité « d'agir, de faire et de subir » *(action, doing and being done to)*. C'est ainsi que le nourrisson devient progressivement capable de faire l'expérience de soi.

Tout cela vous semble peut-être insignifiant, mais ces expériences répétées permettent au bébé de se sentir réel. Dès lors, il peut affronter le monde et, serait-il plus juste de dire, les processus de maturation dont il a hérité peuvent se poursuivre.

Lorsque ces conditions sont réunies (tel est généralement le cas), le bébé est capable d'avoir des sentiments qui, dans une certaine mesure, correspondent à ceux de la mère s'identifiant à son bébé ou plutôt investissant fortement son bébé et les soins qu'elle lui donne. Trois ou quatre mois après sa naissance, le bébé montre qu'il sait ce que signifie être une mère, une mère qui a atteint l'état où elle est dévouée à autre chose qu'à elle-même.

N'oublions pas que les toutes premières acquisitions du bébé ne deviennent pas d'emblée des mécanismes psychiques plus ou moins fixés. Il arrive que ce qui a existé disparaisse, comme on pouvait s'y attendre. Je veux vous faire comprendre que le plus complexe ne peut advenir qu'à partir du plus simple et que, lorsqu'on est en bonne santé, l'esprit et la personnalité se développent progressivement et régulièrement en allant toujours du plus simple au plus complexe.

Ensuite, le bébé commence à avoir besoin d'une mère défaillante. Cette défaillance, elle aussi, est un processus graduel qui ne s'apprend pas dans les livres. Il serait regrettable qu'un petit humain continue à faire l'expérience de l'omnipotence alors que son appareil psychique est devenu capable d'affronter les frustrations et les défaillances relatives de l'environnement. Lorsque la colère ne se transforme pas en désespoir, elle peut procurer de la satisfaction.

Tous les parents ici présents savent ce que je veux dire quand j'affirme qu'ils ont soumis leur bébé aux pires frustrations sans jamais le « laisser tomber », c'est-à-dire que leur moi a été un soutien fiable pour le moi du bébé. Jamais le bébé ne s'est réveillé et n'a pleuré sans que quelqu'un l'entende. Plus tard, vous vous êtes rendu compte que vous ne répondiez jamais à votre enfant par des mensonges.

Bien entendu, cela implique non seulement que la mère a pu être complètement préoccupée par les soins à donner à son nourrisson, mais aussi qu'elle a eu de la chance. Nul besoin de dresser la liste de tout ce qui peut arriver, même dans les familles les mieux adaptées. Je vais pourtant vous donner trois exemples pour illustrer trois formes de difficultés. Le premier est une situation fortuite : une mère tombe malade et meurt. Elle ne peut alors faire autrement que de laisser tomber son bébé, exactement comme elle aurait répugné à le faire. Une mère peut aussi mettre en route une nouvelle grossesse plus tôt qu'elle ne l'aurait souhaité. Peut-être est-elle quelque peu responsable de cette complication, mais les choses ne sont pas si simples. Enfin, il arrive qu'une mère soit déprimée et ait l'impression de priver son enfant de ce dont il a besoin. Elle ne maîtrise pas ses propres sautes d'humeur qui surviennent souvent en réaction à un empiètement sur sa vie privée. Qui blâmerait la mère même si elle est à l'origine de ces ennuis ?

Autrement dit, il y a toutes sortes de raisons pour laisser tomber un enfant avant qu'il soit capable d'éviter les blessures et les mutilations de sa personnalité qui en résultent.

Je souhaite maintenant revenir au sens du mot « blâmer ». Il est nécessaire d'observer la croissance et le développement de l'être humain ainsi que leur complexité interne propre à chaque enfant. Il faut pouvoir dire, sans blâmer quiconque : ici, la fonction de la « mère ordinaire normalement dévouée » a fait défaut. Je n'ai personnellement aucune envie de distribuer des blâmes. Les mères et les pères se croient fautifs – mais c'est une autre histoire – et ils s'accusent de tout et de rien, d'avoir un enfant trisomique par exemple, ce dont on ne peut les tenir pour responsables.

En outre, nous devons nous tourner vers l'étiologie et, éventuellement, affirmer que certains troubles du comportement que nous rencontrons proviennent d'une défaillance de la fonction de « la mère ordinaire normalement dévouée », à un moment donné ou pendant une période donnée. Cela n'a rien à voir avec la responsabilité morale. Il s'agit d'autre chose. De toute façon, aurais-je été une bonne mère ?

Nous ne sommes pas ici pour distribuer des blâmes. À mon avis, nous devons chercher une explication étiologique, parce que c'est l'unique façon de reconnaître la valeur positive de la fonction de « la mère ordinaire normalement dévouée ». Il est vital que quelqu'un facilite les tout premiers moments des processus du développement psychologique ou psychosomatique de chaque bébé, ou encore du développement de sa personnalité extrêmement immature au cours de la phase de dépendance absolue.

Autrement dit, je ne crois pas à l'histoire de Romulus et Remus, malgré tout le respect que je porte aux louves. C'est un être humain qui a trouvé et élevé les fondateurs de Rome, s'il faut accorder une part de vérité à ce mythe. Je ne vais pas jusqu'à penser que nous, hommes et femmes, devons quelque chose à la femme qui a fait cela pour chacun de nous individuellement. Nous ne lui sommes redevables de rien. Toutefois, nous nous devons de reconnaître intellectuellement que, au départ, nous étions dans une dépendance (psychologique) absolue, et que absolue signifie absolue. Fort heureusement, nous avons connu le dévouement ordinaire dès les premiers jours.

Je me propose maintenant d'expliquer pourquoi, au début, une mère doit être capable de cette très étroite adaptation aux besoins de son enfant[1]. Il est facile de parler longuement des besoins évidents, quoique plus compliqués, des enfants plus âgés et de ceux qui passent d'une relation exclusive à la mère à des relations triangulaires. Il est facile de constater que les enfants ont besoin d'un cadre strict où ils peuvent élaborer les conflits inhérents à l'amour et à la haine et les deux grandes tendances orientées l'une vers le parent du même sexe, l'autre vers le parent du sexe opposé. C'est ce qu'on appelle aussi le courant hétérosexuel et le courant homosexuel dans la relation d'objet.

Vous vous attendez probablement à ce que j'évoque cette phase très précoce où il existe presque toujours une figure maternelle qui n'a pas d'autre préoccupation que les besoins du nourrisson pendant la durée de la dépendance absolue. J'ai beaucoup écrit sur ce sujet par ailleurs et je me contenterai de le résumer ici en quelques mots. Je dirai que, au cours de ces

---

1. On a trouvé les passages qui suivent avec le texte de cette causerie dans les papiers du Dr Winnicott.

semaines si importantes du début de sa vie, le bébé peut, pour la première fois, faire l'expérience des phases initiales des processus de maturation. Quand l'environnement « facilitant » *(facilitating)*, qui doit être à la fois humain et personnel, est suffisamment bon, les tendances innées du bébé à grandir commencent à s'accomplir. Ces phénomènes ont un nom. Le mot « intégration » recouvre le plus important d'entre eux. L'activité et les sensations, dans toutes leurs manifestations, qui forment le bébé particulier que nous connaissons, se rassemblent parfois, si bien qu'il y a des moments d'intégration où le bébé est une entité, quoique encore très dépendant. Nous disons que le soutien du moi de la mère facilite l'organisation du moi du bébé. Plus tard, le bébé sera capable d'affirmer sa propre individualité et même d'avoir un sentiment d'identité. Ce qui paraît simple lorsque tout se passe bien dépend en fait de la relation précoce où le bébé et la mère ne font qu'un. Rien de mystérieux à cela. La mère s'identifie de façon particulièrement sophistiquée à son bébé : elle se sent très identifiée à lui mais, naturellement, elle reste adulte. D'autre part, dans les moments de calme de leur contact, le bébé s'identifie à sa mère, ce qui vient moins du bébé lui-même que de la relation rendue possible par la mère. Du point de vue du bébé, il n'y a rien d'autre que le bébé et, au début, la mère fait donc partie du bébé. En d'autres termes, il s'agit de ce qu'on appelle l'identification primaire. C'est là que tout commence et que des mots aussi simples que « être » *(being)* prennent sens.

Nous pourrions utiliser le mot « exister » *(existing)* qui vient du français et parler d'existence. Nous pourrions en faire une philosophie et l'appeler existentialisme. Pourtant, nous préférons utiliser d'abord le mot « être » *(being)* et seulement ensuite énoncer « je suis » *(I am)*. Il est important de comprendre que « je suis » *(I am)* n'a pas de sens si on ne dit pas d'abord *je suis accompagné d'un autre être humain* qui n'est pas encore différencié de moi. C'est pourquoi il est plus exact de parler d'« être » *(being)* que d'utiliser les mots « je suis » *(I am)* qui appartiennent à la phase suivante. On ne répétera jamais assez que *être* est le début de tout et que, sans cela, « faire » *(doing)* et « subir » *(being done to)* ne veulent rien dire. Il est possible d'inciter par la séduction un bébé à se nourrir et à jouir de ses fonctions corporelles, mais le bébé n'a pas le sentiment d'en faire l'expérience si cette expérience ne repose pas sur la quantité suffisante d'« être tout simplement » *(simple being)* pour mettre en place le *self* qui deviendra une personne.

Le contraire de l'intégration est soit un défaut d'intégration soit la désintégration à partir d'un état d'intégration. La désintégration, une des plus fondamentales de toutes les angoisses impensables de la petite enfance, est insupportable. Les soins ordinaires que presque tous les nourrissons reçoivent de la part d'un être humain adulte peuvent éviter ces angoisses. Je vais exposer maintenant un ou deux autres processus de croissance essentiels similaires.

On ne peut pas partir du principe que le psychisme du nourrisson se développera de façon satisfaisante en association avec le soma, c'est-à-dire avec le corps et la mise en œuvre de ses fonctions. L'existence psychosomatique est un accomplissement et, même si elle est fondée sur une tendance innée à grandir, elle ne peut être effective sans la présence d'un être humain qui participe activement au *holding* (« maintien ») et au *handling* (« maniement ») du bébé. Une rupture dans ce domaine correspond à des troubles somatiques. Ces troubles ont en réalité leur origine dans une structure instable de la personnalité. Vous remarquerez que la rupture des processus de croissance très précoces mène directement au type de symptomatologie que nous rencontrons dans les hôpitaux psychiatriques, de sorte que la prévention des troubles psychiatriques relève initialement des soins maternels et de ce que fait naturellement une mère qui a plaisir à s'occuper de son bébé.

Je pourrais aussi mentionner les débuts de la relation d'objet, me situant ainsi dans une approche psychologique déjà plus élaborée. Vous comprendrez aisément que, quand la relation entre le bébé et sa mère est satisfaisante, il peut utiliser de façon symbolique les objets qui se présentent à lui. Je ne fais pas seulement allusion au pouce que suce le bébé mais aussi à ce qu'il peut attraper et qui sera plus tard une poupée ou un jouet. Toute rupture dans ce processus ne peut être définie que comme un défaut de la capacité d'établir une relation d'objet.

Notez que nous avons commencé par parler de choses très simples tout en abordant des sujets d'une importance vitale concernant la mise en place des bases de la santé psychique. Il reste évidemment beaucoup à faire ultérieurement et cela n'est possible qu'à condition que les débuts se passent bien. Puisque les mères sont parfois affolées par l'importance de ce qu'elles sont en train de faire, il vaut mieux ne pas le leur dire. Si elles ont conscience de ce qu'elles font, elles le font moins bien. Cela ne s'apprend pas. D'ailleurs, l'inquiétude ne remplace pas cet amour très simple, presque physique. Alors, me direz-vous, pourquoi le signaler ? J'ai quand même envie de dire que, si quelqu'un ne se préoccupe pas de ces questions, nous risquons de négliger l'importance des toutes premières relations et d'intervenir trop rapidement, ce qu'il faut éviter à tout prix. Lorsqu'une mère est capable d'être simplement une mère, nous ne devons jamais intervenir. Comment voulez-vous qu'elle se défende puisqu'elle ne comprend pas ? Elle ne voit qu'une chose : elle a été blessée. Mais cette blessure n'est ni une fracture ni une coupure au bras, c'est une mutilation de la personnalité de son bébé. Bien souvent, une mère passe des années de sa vie à essayer de panser cette blessure dont, en réalité, nous sommes responsables pour être intervenus dans une situation si simple qu'elle a pu nous paraître insignifiante.

2

Ce qu'une mère sait
et ce qu'elle apprend[1]

Une jeune mère a beaucoup à apprendre. Les spécialistes lui indiquent quantité de choses sur l'adjonction des aliments solides dans le régime, sur les vitamines et sur l'emploi des feuilles de pesée. Quelquefois aussi, on lui parle d'une chose tout à fait différente, par exemple de sa réaction devant le refus du bébé de prendre de la nourriture.

---

1. Émission radiophonique de la BBC destinée aux mères, 1950, publiée dans *The Child and the Family*, Londres, Tavistock Publications Ltd, 1957. Traduction française d'Annette Stronck-Robert, *L'Enfant et sa famille. Les premières relations*, Paris, Payot, coll. « Petite Bibliothèque Payot », 2017.

Il me semble important que vous compreniez très clairement la différence entre ces deux sortes de connaissances. Ce que vous faites et ce que vous savez, simplement parce que vous êtes la mère d'un bébé, est aussi éloigné de ce que vous apprenez que la côte est l'est de la côte ouest de l'Angleterre. Je ne saurais exprimer cela trop fermement. Le professeur qui a découvert les vitamines qui préviennent le rachitisme a vraiment quelque chose à vous apprendre, et vous, vous avez réellement quelque chose à lui apprendre sur l'autre sorte de savoir, celui qui vous vient naturellement.

La mère qui nourrit son bébé au sein n'a pas à se soucier des graisses et des protéines pendant qu'elle se consacre aux premiers stades du développement de son bébé. Au moment où elle le sèvre, vers neuf mois à peu près, le bébé exige alors moins d'elle et elle a la liberté d'étudier les faits et les avis dispensés par les médecins et les infirmières. Il y a évidemment beaucoup de choses dont elle ne peut avoir une connaissance intuitive et elle a vraiment besoin qu'on lui parle de l'alimentation solide et de la manière d'utiliser les nourritures disponibles de façon à ce que le bébé puisse grandir et demeurer en bonne santé. Avant de s'instruire, toutefois, il lui faut attendre que son état d'esprit soit devenu apte à recevoir ces connaissances.

Il est facile de voir que les conseils du médecin sur les vitamines se fondent sur des années de brillantes recherches. C'est avec respect que nous pouvons admirer le travail du chercheur scientifique et l'autodiscipline que ce travail implique, et c'est avec reconnaissance que nous accueillons les résultats de la recherche scientifique lorsqu'ils permettent d'éviter de grandes souffrances, quelquefois par un simple conseil comme celui d'ajouter quelques gouttes d'huile de foie de morue au régime.

En même temps, le chercheur scientifique peut, si cela l'intéresse, respecter la compréhension intuitive de la mère, qui la rend capable de s'occuper de son enfant sans avoir appris à le faire. Je dirais, en fait, que la richesse essentielle de cette compréhension intuitive vient de ce qu'elle *est* naturelle et qu'elle n'est pas gâtée par le savoir.

La difficulté, en préparant une série de causeries et de livres sur la puériculture, est de savoir comment éviter de perturber ce qui vient tout naturellement aux mères, tout en les informant exactement des découvertes utiles de la science.

Je désire que vous vous sentiez confiante quant à vos capacités de mère, que vous n'éprouviez pas le sentiment que – parce que vous n'avez jamais rien su des vitamines – vous ne savez pas non plus, par exemple, comment porter votre bébé.

Comment porter votre bébé ? Il serait bon que je prenne cet exemple.

L'expression « porter un bébé » a un sens précis en anglais. Quelqu'un a coopéré avec vous, puis a disparu et vous êtes restée « avec le bébé sur les bras ». Nous pouvons en déduire que tout le monde sait que les mères ont un sens naturel des responsabilités et que si elles ont un bébé dans les bras, elles sont impliquées d'une manière particulière. Bien entendu, certaines femmes sont littéralement en train de porter leur bébé dans le sens où le père est incapable de tirer du plaisir du rôle qu'il doit jouer et incapable de partager avec la mère la grande responsabilité qu'un bébé représente toujours pour quelqu'un.

Ou peut-être n'y a-t-il pas de père ? D'habitude, cependant, la mère se sent soutenue par son mari ; elle est libre d'être vraiment mère et lorsqu'elle porte son bébé, elle le fait naturellement sans y penser. Cette mère sera surprise si je dis que porter un bébé est une tâche qui réclame des mains expertes.

Lorsque des gens voient un bébé, ils adorent qu'on leur donne la permission de faire justement cela : porter le bébé dans leurs bras. Vous ne laissez pas porter votre bébé par certaines personnes si vous éprouvez le sentiment que cela ne signifie rien pour elles. En fait, les bébés sont très sensibles quant à la manière dont ils sont portés, si bien que, même tout petits, ils peuvent pleurer avec une personne et être contents avec une autre. Quelquefois, une petite fille demandera à porter le nouveau-né et ce sera un grand événement. La mère avisée ne laissera pas toute la responsabilité à l'enfant et si elle donne la permission, elle sera tout le temps là, prête à reprendre le bébé sous sa sauvegarde. La mère avisée ne trouvera certainement pas naturel que ce soit de tout repos pour la sœur plus âgée que d'avoir le bébé dans les bras. Ce serait nier la signification de tout cela. Je connais des gens qui, toute leur vie, se souviennent du sentiment affreux de porter le petit frère ou la petite sœur et du cauchemar de ne pas se sentir en sécurité. Dans le cauchemar, on laisse tomber le bébé. Cette peur de lui faire mal qui peut se manifester dans le cauchemar fait que, dans la réalité, la grande sœur tient le bébé trop serré.

Tout cela nous amène à ce que vous faites tout naturellement à cause de votre dévouement au bébé. Vous n'êtes pas angoissée et vous ne le serrez pas trop fort. Vous n'avez pas peur de le laisser tomber par terre. Vous adaptez simplement la pression de vos bras à ses besoins et vous marchez doucement, quelquefois en murmurant. Le bébé sent que vous respirez. Une certaine chaleur émane de votre respiration et de votre peau et il trouve bon d'être porté par vous.

Bien entendu, il y a toutes sortes de mères et certaines ne sont pas tout à fait à l'aise lorsqu'elles portent leur bébé. D'autres sont un peu incertaines : le bébé paraît plus heureux dans le berceau. Chez ces mères, il se peut que subsiste un peu de la peur qu'elles éprouvaient lorsqu'elles étaient petites et que leur mère les laissait porter un nouveau-né. Ou il se peut qu'elles aient eu une mère qui ne soit pas très apte elle-même à cette sorte de chose et qu'elles aient peur de passer à leur bébé quelque incertitude appartenant au passé. Une mère angoissée utilise le berceau autant que possible ou confie même le bébé à la garde d'une personne soigneusement choisie en fonction de la manière naturelle dont elle s'occupe des bébés. Il y a dans le monde place pour toutes sortes de mères et certaines seront bonnes pour une chose, d'autres pour une autre. Peut-être devrais-je dire que certaines sont mauvaises pour une chose et d'autres mauvaises pour une autre ? Quelques-unes portent d'une manière angoissée.

Cela vaut la peine de considérer ce travail d'encore un peu plus près car je désire que vous sachiez que vous faites quelque chose d'important en soignant bien votre bébé. Cela fait partie de la manière dont vous établissez la santé mentale de ce nouveau membre de la communauté.

Examinons les choses à l'aide de notre imagination.

Voici un bébé tout au début (à partir de ce qui se passe au début, nous pouvons voir ce qui ne cessera de se passer plus tard). Qu'on me permette de décrire trois stades dans la relation du bébé avec le monde (représenté par vos bras et votre corps qui respire), en laissant de côté la faim et les grands événements. Premier stade :

le bébé communique peu. C'est une créature vivante, entourée par l'espace. Il ne connaît rien, sauf lui-même. Deuxième stade : le bébé remue une épaule, un genou ou s'étire un peu. L'espace est traversé. Le bébé a surpris l'environnement. Troisième stade : vous êtes en train de porter le bébé et vous sursautez un peu à cause d'un coup de sonnette à la porte ou de la casserole d'eau qui se met à bouillir. De nouveau, l'espace est traversé. Cette fois, c'est l'environnement qui surprend le bébé.

Au début, le bébé peu communicatif est dans l'espace qui est maintenu entre lui et le monde, puis il surprend le monde. Troisièmement, le monde le surprend. C'est si simple que je pense que cela vous apparaîtra comme une séquence naturelle et donc comme une bonne base pour l'étude de la manière dont vous portez votre bébé. Tout cela est très évident, mais l'ennui, c'est que si vous ne savez pas ces choses, il se peut que votre immense habileté soit gâchée parce que vous ne saurez pas comment expliquer aux voisins et à votre mari combien il est nécessaire que vous, à votre tour, ayez un espace à vous dans lequel vous puissiez faire démarrer votre bébé avec des bases solides pour la vie.

Je peux m'exprimer d'une autre manière : le bébé dans l'espace devient prêt, le temps passant, à faire le mouvement qui surprend le monde et le bébé qui a découvert le monde de cette manière devient prêt, plus tard, à accueillir les surprises dont le monde est rempli.

Le bébé ne sait pas que l'espace autour de lui est maintenu par vous. Vous avez soin que le monde ne le heurte pas avant qu'il le découvre ! Avec un calme plein de vie, vous suivez la vie chez le bébé et en vous et vous attendez les mouvements qui viennent de lui, les mouvements qui conduisent à votre découverte.

Si vous tombez de sommeil et, surtout, si vous êtes déprimée, vous mettez le bébé dans son berceau parce que vous savez que votre sommeil n'est pas assez vivant pour que se conserve chez le bébé l'idée d'un espace qui l'entoure.

Si j'ai parlé particulièrement des petits bébés et de la manière dont vous vous en occupez, cela ne veut pas dire que je n'y inclus pas les enfants plus âgés. Naturellement, la plupart du temps, l'enfant plus âgé a évolué vers un état de choses beaucoup plus complexe et il n'a pas besoin des soins très particuliers que vous donnez naturellement lorsque vous portez votre bébé qui n'a que quelques heures. Mais il arrive souvent que l'enfant plus âgé, pendant quelques minutes seulement ou pendant une heure ou deux, ait besoin de revenir en arrière et de retrouver le terrain qui appartenait aux stades les plus primitifs. Peut-être votre enfant a-t-il eu un accident. Il court vers vous en pleurant. Il se peut que cinq ou dix minutes se passent avant qu'il retourne jouer. Entre-temps, vous l'avez pris dans vos bras et vous avez permis que se reproduise exactement cette séquence dont je vous ai parlé. Tout d'abord, vous le portez calmement, mais d'une façon vivante, puis, lorsque ses larmes sèchent, il peut bouger et vous découvrir. Et, enfin, vous êtes capable de le reposer à terre tout à fait naturellement. Il se peut aussi qu'un enfant ne soit pas bien, qu'il soit triste ou fatigué. Quoi qu'il en soit, l'enfant est un bébé pendant un petit moment et vous savez qu'il faut lui laisser le temps de revenir naturellement d'une sécurité essentielle vers des conditions ordinaires.

Bien entendu, j'aurais pu choisir beaucoup d'autres exemples de la manière dont vous connaissez les choses, simplement parce que vous êtes spécialiste de ce sujet particulier : les soins donnés à votre propre enfant. Je veux vous encourager à garder et à défendre ce savoir spécialisé, qui ne peut être enseigné. C'est seulement si vous pouvez conserver ce qui est naturel en vous que vous pourrez sans danger retirer quelque chose de ce que les médecins et les infirmières peuvent vous apprendre.

On pourrait penser que je viens d'essayer de vous apprendre comment porter votre bébé. Cela me semble loin de la vérité. J'essaie de décrire différents aspects des choses que vous faites naturellement, afin que vous puissiez comprendre ce que vous faites et sentir votre aptitude naturelle. Cela est important parce que certaines personnes, sans y penser, essaieront souvent de vous apprendre à faire des choses que vous pouvez *faire* mieux que si vous *appreniez à* les faire. Si vous êtes sûre de cela, vous pouvez commencer à accroître votre valeur de mère en apprenant les choses qui peuvent être apprises, car le meilleur de notre civilisation et de notre culture offre nombre de choses valables, à condition que vous puissiez les intégrer sans perdre ce qui vous vient naturellement.

3

L'allaitement au sein
et la communication[1]

J'aborde ce sujet en tant que pédiatre
devenu psychanalyste et j'ai donc une longue
expérience du type de patients que rencontre
un pédopsychiatre dans sa pratique. Pour travailler, j'ai besoin d'une théorie du développement *affectif* aussi bien que *physique*
de chaque enfant dans son environnement.
Une théorie doit prendre en compte toutes
les dimensions d'un sujet donné et être assez
souple pour que, le cas échéant, n'importe quel

---

1. Communication lue en l'absence de Winnicott
à un colloque sur l'allaitement au sein organisé par le
National Childbirth Trust à Londres en novembre 1968.
Des extraits en ont été publiés dans *Maternal and Child
Care*, n° 5, septembre 1969, p. 147-150.

élément clinique puisse modifier l'hypothèse théorique.

Mon but n'est pas de promouvoir ou d'encourager l'allaitement au sein même si, je l'espère, ma façon d'en parler depuis des années a eu précisément ce résultat. Il s'agit en effet d'un acte naturel et, probablement, tout ce qui est naturel est fondé.

Dans un premier temps, je souhaite me démarquer de toute sentimentalité envers l'allaitement au sein et de toute propagande en sa faveur. La propagande a toujours une face cachée qui finit par prendre la forme d'une réaction à la propagande. Il est indéniable que, dans le monde actuel, un grand nombre d'individus ont été élevés de façon satisfaisante sans avoir été nourris au sein. Cela signifie qu'un nourrisson peut faire l'expérience d'une intimité physique avec sa mère par d'autres moyens. Néanmoins, je déplore toujours l'échec de l'allaitement au sein car je crois que la mère ou le bébé, ou tous les deux, perdent quelque chose si cette expérience ne réussit pas.

Je ne fais pas seulement allusion à la maladie ou aux troubles psychiatriques mais aussi à la richesse de la personnalité, à la force de caractère, à la capacité d'être heureux et de pouvoir changer radicalement et se révolter. La véritable force est sans doute liée à l'expérience des processus de développement que fait l'individu d'une manière *naturelle*. C'est ce qu'on souhaiterait à chacun. En réalité, on perd souvent de vue cette force à cause de l'existence d'une force comparable, née de la peur, de la rancune, de la déprivation et du manque.

À écouter les pédiatres, on peut se demander si l'allaitement au sein est préférable à d'autres formes d'alimentation. Certains pédiatres croient que l'allaitement artificiel bien mené est parfois plus satisfaisant sur le plan anatomique et physiologique. Il est vrai que c'est leur domaine. Mais le débat n'est pas clos, surtout si, à la fin de son discours, le pédiatre donne l'impression d'avoir oublié qu'un bébé est autre chose que de la chair et des os. À mon avis, dès le début, la santé psychique de l'individu dépend de la mère qui assure ce que j'appelle un environnement facilitant, c'est-à-dire un environnement dans lequel les processus de croissance naturels du nourrisson et les interactions avec l'environnement évoluent selon le modèle dont il a hérité. La mère établit sans le savoir les bases de la santé psychique.

Ce n'est pas tout. Si on part du principe que la mère est en bonne santé psychique (et que tout se passe bien), elle établit aussi les bases de la force de caractère et de la richesse de la personnalité. Grâce à ce bon départ dans la vie, l'individu aura par la suite un rapport créatif avec le monde et profitera de ce que le monde lui offre, y compris l'héritage culturel. Malheureusement, lorsque les débuts dans la vie d'un enfant n'ont pas été suffisamment bons, tout se passe comme si l'héritage culturel n'avait jamais existé. La beauté du monde n'est alors qu'une couleur attirante mais inaccessible dont il ne peut profiter. Ainsi, il y a des riches et des pauvres et, en l'occurrence, il n'est nullement question d'argent : je veux parler de ceux qui ont eu des débuts suffisamment bons et de ceux qui n'ont pas eu de tels débuts.

Nul doute que l'allaitement au sein fasse partie de ce vaste problème. C'est ce que nous avons à l'esprit lorsque nous disons que quelqu'un a, au départ, bénéficié d'un environnement suffisamment bon. Or l'histoire ne s'arrête pas là. Les psychanalystes qui furent à l'origine de la théorie du développement affectif à laquelle nous nous référons de nos jours, sont responsables de l'importance quelque peu exagérée donnée au sein réel. Ils n'avaient pas tort. Cependant, nous avons fini par comprendre que le mot « bon sein » appartient au jargon psychanalytique et qu'il signifie, de façon plus générale, les soins maternels et parentaux satisfaisants. Par exemple, en matière de soins, le *holding* (maintien) et le *handling* (maniement) sont beaucoup plus importants que la réalité de l'allaitement au sein. Nous savons aussi que de nombreux bébés font une expérience de l'allaitement au sein apparemment satisfaisante. En réalité, cette expérience est insatisfaisante puisqu'on peut déjà observer un défaut dans leur processus de développement et dans leur capacité à établir des relations avec les gens et à utiliser les objets. Ce défaut est dû à une mauvaise qualité du *holding* et du *handling*.

J'ai tenu à vous expliquer d'abord que le mot *sein* et la notion d'allaitement au sein recouvrent l'ensemble des techniques nécessaires pour être la mère d'un bébé. Je peux donc maintenant aborder l'importance du *sein lui-même* et c'est ce que je vais tenter de faire. Vous devinez peut-être ce que je cherche à éviter. Je veux me désolidariser de ceux qui essayent de *forcer* les mères à allaiter leur bébé.

J'ai vu beaucoup d'enfants qui avaient connu des moments très difficiles auprès d'une mère luttant pour réussir à allaiter son bébé – ce que, bien entendu, une mère est incapable de faire puisque cela échappe au contrôle conscient. La mère souffre et le bébé souffre. Et quel soulagement quand le bébé est enfin mis au biberon ! Au moins, quelque chose se passe bien : le bébé est satisfait car il reçoit la quantité nécessaire d'une nourriture qui lui convient. On pourrait éviter bon nombre de ces luttes désespérées en désacralisant l'allaitement au sein. L'insulte suprême serait que quelque autorité, un médecin, une infirmière ou une puéricultrice, dise : « Vous *devez* allaiter votre bébé » à une femme qui a envie d'allaiter son enfant et qui est prête à le faire naturellement. Si j'étais une femme, cela suffirait à m'en dissuader. Je dirais : « Dans ce cas, je refuse. » Malheureusement, les mères ont une confiance aveugle dans le corps médical. Elles croient que, parce que le médecin sait ce qu'il faut faire en cas de complication ou d'urgence chirurgicale aiguë, il sait également ce qu'il faut faire pour que la relation entre une mère et son bébé s'établisse. D'ordinaire, il ne comprend rien à cette relation intime entre une mère et son bébé.

Faisons comprendre aux médecins et aux infirmières que nous avons besoin, même très besoin d'eux en cas de complication organique mais qu'ils ne sont pas spécialistes en ce qui concerne cette relation intime entre la mère et son bébé (vitale pour l'un et l'autre). Quand les médecins se mettent à donner des conseils, ils s'engagent sur une voie dangereuse car la mère et le bébé ont moins besoin de conseils que d'un environnement qui encourage la mère à avoir confiance en elle. De nos jours, le père assiste de plus en plus souvent à la naissance de son bébé. Cette évolution est capitale dans la mesure où le père permet de mieux comprendre l'importance de ces premiers instants au cours desquels la mère regarde son bébé avant de se reposer. Il en est de même lorsqu'une mère a de la difficulté à mettre le bébé au sein puisque, en effet, on ne peut pas allaiter simplement parce qu'on a décidé de le faire. La mère doit suivre le rythme de ses propres réactions mais il arrive que ses réactions soient si fortes qu'elle a du mal à suivre le rythme de son bébé ; ses seins s'engorgent et elle a besoin qu'on l'aide.

Toutefois, en ce qui concerne la formation des médecins, des infirmières et des

puéricultrices, n'oublions pas qu'ils ont beaucoup d'autres choses à apprendre, du fait des
exigences considérables de la médecine et de
la chirurgie modernes. D'ailleurs, ce sont des
gens comme les autres. Il faut que, dès ce stade
très précoce, les parents connaissent leurs
propres besoins, qu'ils en aient conscience et
qu'ils insistent pour qu'on les satisfasse. De
temps en temps, certains parents rencontrent
des membres du corps médical conscients
de leur rôle et de celui des parents. Dans ce
cas, leur association est des plus heureuses.
Naturellement, je suis particulièrement bien
placé pour entendre les mères parler des souffrances causées par les médecins et les infirmières qui, quoique très compétents sur le plan
organique, ne peuvent s'empêcher d'intervenir
dans l'interaction mère-père-bébé ; ils sont alors
tout sauf une aide.

Il est vrai que certaines mères ont de grandes
difficultés personnelles, liées à leurs propres
conflits internes et, sans doute, à leurs propres
expériences infantiles. Ces problèmes ne sont
pas toujours insolubles. Quand une mère a du
mal à donner le sein, il ne faut pas lui imposer
une situation qui risque de tourner à l'échec,
voire au désastre. Les personnes responsables

ne doivent donc en aucun cas avoir d'idées préconçues sur les mères et l'allaitement au sein. Une mère est souvent obligée de renoncer très rapidement à allaiter et d'adopter un autre mode d'alimentation. Peut-être y réussira-t-elle avec son deuxième ou son troisième enfant et sera-t-elle ravie de le faire naturellement. Quand l'allaitement au sein est impossible, la mère peut trouver bien d'autres façons d'établir une intimité physique avec son bébé.

Je vais maintenant vous donner quelques exemples pour illustrer l'importance de cette question à un stade précoce. Prenons le cas d'une femme qui a adopté un bébé de six semaines. Elle a vu tout de suite que le bébé réagissait bien au contact avec un être humain, aux câlins, au *holding* et au *handling* qui font habituellement partie des soins maternels. Elle a également découvert que, à l'âge de six semaines, le bébé se comportait selon un schème issu d'expériences antérieures. Ce schème n'était manifeste qu'au moment où elle le nourrissait. Pour que sa fille accepte de téter et de se nourrir, elle devait la poser soit par terre soit sur une table (c'est-à-dire sur une surface dure) et tenir le biberon en évitant tout contact physique avec le bébé. Ce mode d'alimentation anormal persista et marqua la personnalité de l'enfant. Les conséquences négatives de cette première expérience et de cette façon impersonnelle de donner le biberon furent évidentes pour tous ceux qui observèrent le développement de cette petite fille.

Ce sujet est si étendu que je ne ferais qu'embrouiller les choses en vous donnant d'autres exemples. Je préfère faire appel à votre expérience, vous qui m'écoutez, et vous rappeler que tout ce qui se passe au début entre la mère et son bébé a un sens, même si cela vous semble naturel et aller de soi.

J'en arrive donc aux aspects positifs de l'allaitement au sein. Je pars du principe que cet allaitement n'est pas absolument essentiel et ne devrait pas être poursuivi lorsque la mère éprouve des difficultés. Il est évident que je pense ici aux richesses considérables inhérentes à l'expérience de la tétée : le bébé est réveillé et bien vivant et cette expérience met en jeu toute sa personnalité naissante. Le bébé passe la plus grande partie de sa vie éveillée à se nourrir. Il acquiert ainsi du matériel pour ses rêves, auquel vont bientôt s'ajouter d'autres éléments qui réapparaîtront aussi dans la réalité interne de l'enfant en train de dormir, c'est-à-dire de rêver. Les médecins parlent si souvent de santé et de maladie qu'ils oublient parfois que, quand il s'agit de santé, des variations importantes existent. Cela explique que l'expérience d'un enfant soit parfois insuffisante, fade et même ennuyeuse alors que celle d'un autre enfant est presque trop excitante, trop riche en couleurs et en sensations pour être supportable. Certains bébés s'ennuient tellement en tétant que pleurer de colère et de frustration les soulage. Au moins, ils ont le sentiment que cette expérience est réelle et qu'elle tient compte de leur personnalité tout entière. Lorsqu'on étudie un bébé au sein, il faut donc se référer à la *richesse* de cette expérience et à la participation de sa personnalité tout entière. Un certain nombre d'aspects importants de l'allaitement au sein se retrouvent dans l'allaitement artificiel. Par exemple, le sein n'est pas indispensable pour que le bébé et la mère se regardent les yeux dans les yeux, ce qu'ils font dès le début de leur relation. On peut toutefois imaginer que, dans l'ensemble, le goût, l'odeur et l'expérience sensuelle de l'allaitement au sein manquent au bébé qui ne connaît que la tétine en caoutchouc. Certes, les bébés ont le moyen de contourner cette difficulté et il arrive

que le surinvestissement des objets en caoutchouc ait pour origine le surinvestissement de
la tétine lors de l'allaitement au biberon. La
capacité qu'a le bébé de faire une expérience
sensuelle se manifeste dans son utilisation de
ce que j'ai appelé objets transitionnels et le
bébé ne confondra jamais la soie, le nylon, la
laine, le coton, le lin, un tablier amidonné, le
caoutchouc et une couche mouillée. Mais cela
est une autre histoire et je n'en parle que pour
vous rappeler qu'il se passe des choses extraor-
dinaires dans le petit monde du bébé.

On constate que les expériences du bébé
sont plus riches au sein qu'au biberon ; il faut
y ajouter tout ce que ressent et vit la mère. Je
ne dirai que quelques mots à ce propos et je
tenterai de décrire le sentiment d'accomplissement de la mère lorsque sa physiologie et son
anatomie qui avaient pu la gêner jusqu'alors
prennent subitement sens. Elle découvre
qu'elle possède quelque chose appelé lait qui
lui permet de duper son bébé et elle peut alors
affronter sa peur que son bébé la mange. Je
préfère vous laisser donner libre cours à votre
imagination tout en attirant votre attention
sur le fait que, même si la tétée d'un bébé est
parfois très satisfaisante aussi bien au biberon

qu'au sein, la satisfaction est d'un autre ordre pour la femme qui utilise une partie de son corps à cette fin. Cette satisfaction est liée à ses propres expériences de bébé. Tout cela remonte à l'origine des temps, à l'époque où les êtres humains avaient à peine quitté la vie animale mammifère.

J'en viens maintenant à ce que j'ai observé de plus important dans ce domaine : l'agressivité qui existe chez le nourrisson dès la naissance. Plus tard, le bébé commencera à donner des coups de pied, à hurler et à griffer. Les premiers temps, lors de la tétée, la pression des gencives est si forte qu'elle provoque parfois des crevasses aux mamelons. Certains bébés s'accrochent même au sein avec leurs gencives et font très mal. On ne peut pas dire qu'ils ont l'intention de faire mal car le bébé est trop immature pour que le mot « agressivité » ait un sens. Puis apparaît chez le bébé une impulsion à mordre et c'est là que commence quelque chose d'extrêmement important. Je pense à tout ce qui concerne la cruauté, l'impulsion et l'utilisation d'objets non protégés. Mais très vite, le bébé protège le sein et, même lorsqu'il a des dents, il mord rarement avec l'intention de blesser.

Ce n'est pas que l'impulsion ait disparu. Ce qui s'est passé ressemble plutôt à la domestication du loup en chien et du lion en chat. Dans le cas des petits êtres humains, une phase particulièrement difficile est inévitable. Si la mère comprend ce qui se passe et sait se protéger sans représailles ni rancune, elle peut accompagner son bébé lors de cette phase où il la détruit parfois.

Autrement dit, l'unique tâche de la mère est de survivre quand le bébé mord, griffe, lui tire les cheveux et lui donne des coups de pied. Le bébé fera le reste. Si elle survit, le bébé donnera un sens neuf au mot « aimer » et quelque chose de nouveau apparaîtra dans sa vie : le fantasme. C'est comme si le bébé pouvait dire à sa mère : « Je t'aime parce que tu as survécu à ma destructivité. Dans mes *rêves* et dans mon *fantasme,* je te détruis quand je pense à toi, parce que je t'aime. » Ainsi, la mère devient un objet, elle est placée dans un monde qui ne fait pas partie du bébé et elle peut alors être utilisée.

Comme vous le constatez, je parle aussi bien d'un bébé de plus de six mois que d'un enfant de deux ans. Je vous livre ici des concepts qui permettent de décrire le développement de l'enfant au moment où il quitte le monde adapté, protégé et subjectif créé par sa mère et l'extraordinaire capacité qu'elle a de s'adapter à ses besoins, pour entrer dans le monde extérieur. Il est pourtant indéniable que l'ébauche de ces phénomènes plus tardifs s'observe déjà chez le nouveau-né.

Notre propos n'est pas cette transition si importante dans la vie de chaque enfant, lui donnant la possibilité de faire partie du monde, d'utiliser le monde et d'y participer. Il faut reconnaître que la capacité de l'individu à se développer de façon saine dépend de la survie de l'objet. Une mère qui nourrit son enfant doit non seulement rester en vie mais survivre sans se transformer, au moment critique, en un être rancunier, prêt à se venger. Bientôt d'autres personnes (y compris le père), les animaux et les jouets vont jouer le même rôle. Comprenez bien qu'il est difficile pour la mère de ne pas confondre le sevrage et cette survie d'un objet qui peut maintenant être détruit par le bébé grâce aux processus naturels du développement. Sans m'attarder sur les éventuelles complications pourtant très intéressantes, je dirai simplement que l'essentiel est la survie de l'objet dans un tel contexte. Examinons la différence entre le sein et le biberon. Dans les deux cas, la survie de la mère est au cœur du problème, mais il y a sûrement une différence entre la survie d'une partie du corps de la mère et la survie d'un biberon. Pour illustrer ce que je viens de dire, je citerai l'expérience fort traumatique que fait le bébé quand le biberon se casse pendant un repas si, par exemple, la mère le laisse tomber par terre. Il arrive aussi que le bébé repousse lui-même le biberon et le casse.

Il vous faudra peut-être du temps pour me comprendre. J'ai toutefois l'espoir que, grâce à cette observation, vous penserez, comme moi, que la survie du sein qui fait partie de la mère a une tout autre signification que la survie d'un biberon en verre. Ces réflexions m'amènent à dire que l'allaitement au sein est l'un de ces phénomènes naturels qui vont de soi, même si on est parfois obligé d'y renoncer.

4

Le nouveau-né et sa mère[1]

J'ose à peine donner mon point de vue tant cette question est complexe. Je dirai cependant que je crois à la validité de la psychologie dans l'étude du nouveau-né et que, si la psychologie risque de compliquer quelque chose, c'est votre pratique[2]. Sur le plan théorique, soit une contribution est fausse et le problème reste entier, soit elle comporte une part de vérité et, dans ce cas, elle simplifie les choses comme le fait toute vérité.

---

1. Conférence prononcée à un symposium sur « Les problèmes physiologiques, neurologiques et psychologiques du nouveau-né » à Rome en avril 1964. Publiée dans *Acta Paediatrica Latina*, vol. 17, 1964. Le film dont il est question ici fut projeté lors de cette conférence.
2. Winnicott s'adresse ici à des pédiatres.

Le nouveau-né et sa mère – le couple nourrice-nourrisson *(the nursing couple)* – est un sujet bien vaste mais je n'aimerais pas qu'on me demande de parler du nouveau-né tout seul. Nous sommes ici pour débattre de psychologie et je fais l'hypothèse que, quand nous voyons un bébé, nous voyons également l'environnement et, derrière cet environnement, nous voyons la mère. Je dis « la mère » plus fréquemment que « le père », mais j'espère que les pères comprendront.

Il est nécessaire de reconnaître qu'il existe une très grande différence entre la psychologie de la mère et celle du nourrisson. La mère est une personne sophistiquée alors que, au début, le bébé est à l'opposé de la sophistication. On hésite souvent à appliquer la notion de « psychologie » à un nourrisson avant quelques semaines ou quelques mois. Il faut avouer que les médecins rencontrent cette difficulté plus souvent que les mères. Les mères, comme on peut s'y attendre, ont une vision des choses qui dépasse ce qu'elles ont sous les yeux alors que les scientifiques ne voient que ce qui a déjà été démontré.

J'ai entendu dire que, chez le nouveau-né, la physiologie et la psychologie ne font qu'un

(John Davis[1]). C'est un bon point de départ. La psychologie se développe progressivement à partir de la physiologie. Nul besoin de se disputer pour déterminer la date de ce changement puisqu'elle varie en fonction des événements. On sait cependant que de grands changements interviennent à la naissance. D'un point de vue psychologique, il est possible qu'une couveuse convienne à un prématuré et qu'un bébé né après terme, qui a besoin de bras humains et de contact corporel, n'en tire pas profit.

Je tiens particulièrement à mon hypothèse selon laquelle la mère, à moins d'être une malade psychiatrique, s'adonne à la tâche hautement spécialisée qui est la sienne pendant les derniers mois de sa grossesse et se remet peu à peu de cet état au cours des semaines et des mois qui suivent l'accouchement. J'ai beaucoup écrit à ce sujet et j'appelle cette phase « la préoccupation maternelle primaire ». Dans cet état, la mère peut se mettre à la place de son nourrisson. Elle fait alors preuve d'une étonnante capacité d'identification à son bébé, ce qui lui permet de répondre à ses besoins

---

1. Pédiatre, collègue de Winnicott au Paddington Green Children's Hospital.

fondamentaux comme aucune machine ne peut le faire et comme aucun enseignement ne peut le transmettre. Puis-je tenir cela pour acquis et déclarer que le prototype des soins maternels est le *holding* (maintien) ? J'entends par là le *holding* par un être humain. J'ai conscience d'élargir au maximum le sens du mot *holding* mais je le fais dans un souci d'économie et de vérité.

Un nourrisson qui a connu un *holding* suffisamment bon n'a rien à voir avec un nourrisson qui n'en a pas bénéficié. Pour être valable à mes yeux, toute observation de nourrisson doit comporter une description de la qualité du *holding*. Par exemple, nous venons de voir un film qui me paraît très significatif. Pour montrer ce qu'est la marche automatique, un médecin tenait un bébé en train de marcher. Si vous avez observé la langue de ce médecin, vous avez vu qu'il était très attentif et plein de sensibilité ; le bébé ne se comportait pas comme il l'aurait fait si quelqu'un d'autre l'avait tenu. Je pense que, dans l'ensemble, les pédiatres sont capables de s'identifier à un nourrisson et de le maintenir. Cette capacité identificatoire explique peut-être l'attirance des gens pour la pédiatrie. Cela peut paraître évident mais si j'en parle, c'est qu'il y a diverses façons de décrire le comportement d'un même nourrisson. D'ailleurs, on devrait toujours filmer la personne qui pratique l'examen afin de se rendre compte si elle comprend les sentiments du nourrisson à ce moment-là. Il me semble nécessaire d'évoquer cette particularité des soins infantiles, ne serait-ce que brièvement. En effet, au cours des phases précoces du développement affectif, avant que les sens soient organisés, avant qu'il existe quelque chose qu'on pourrait appeler un moi autonome, le nourrisson éprouve des angoisses intenses. À vrai dire, le mot « angoisse » est trop faible car, à ce stade, la détresse du nourrisson est de même nature que celle qui sous-tend la panique. Or la panique est déjà une défense contre la douleur psychique extrême *(agony),* celle qui pousse les gens à se suicider plutôt qu'à se souvenir. J'emploie volontairement des mots très forts. Prenons deux nourrissons. L'un a bénéficié d'un *holding* (dans le sens élargi que je donne à ce mot) suffisamment bon et rien n'entrave sa croissance affective rapide, en accord avec ses tendances innées. L'autre n'a pas fait l'expérience d'un *holding* suffisamment bon et sa croissance subit une distorsion et un ralentissement. Tout au long de sa vie,

il gardera quelque chose de cette agonie primitive *(primitive agony*[1]*)*. Disons que, lorsque le
holding a été suffisamment bon – et c'est souvent le cas – le moi auxiliaire de la mère a permis à l'enfant d'avoir très tôt un moi individuel
faible mais soutenu par l'adaptation de la sensibilité de la mère et par sa capacité à s'identifier à son bébé en tenant compte de ses besoins
fondamentaux. Si le nourrisson n'a pas fait
cette expérience, soit il a été obligé de mettre
prématurément en place le fonctionnement de
son moi, soit un état confusionnel s'est installé.

Ceux qui ont beaucoup d'expérience en physiologie n'ont pas forcément de connaissances
théoriques en psychologie. C'est pourquoi
je pense devoir vous exposer quelques idées
essentielles. Selon la psychologie du développement affectif, un environnement facilitant
est nécessaire à la réalisation des processus
de maturation. Cet environnement facilitant
devient rapidement très complexe. Seul un être

---

1. Voir la traduction de ce terme et le commentaire de
Jeannine Kalmanovitch dans « La crainte de l'effondrement » (1974), in *La Crainte de l'effondrement et autres
essais cliniques*, Paris, Gallimard, 2000, p. 205-216.
(N.d.T.)

humain connaît assez bien un nourrisson pour être capable de s'adapter avec de plus en plus de complexité à l'évolution de ses besoins. L'intégration est un phénomène fondamental des processus de maturation, aussi bien à leurs débuts que par la suite. Je ne répéterai pas ici tout ce que j'ai écrit sur les divers aspects du développement affectif primaire mais je distinguerai trois grandes étapes : l'intégration du *self*, la résidence de la psyché dans le corps et l'établissement de la relation d'objet. Ces trois étapes correspondent plus ou moins aux trois fonctions de la mère : le maintien *(holding),* le maniement *(handling)* et la présentation d'objet *(object-presenting).* C'est un immense sujet que j'ai essayé de traiter dans « La première année de la vie[1] » mais, pour l'instant, je souhaite rester au plus près de la naissance.

Je veux attirer votre attention sur le fait que les bébés sont des êtres humains dès le début, en supposant qu'ils soient dotés d'un système électronique convenable. Je sais qu'il est inutile de vous dire, à vous, que les bébés sont des

---

1. Donald W. Winnicott, *De la pédiatrie à la psychanalyse*, traduit par Jeannine Kalmanovitch, Paris, Payot, 1969.

êtres humains. C'est le dénominateur commun à la psychologie et à la pédiatrie.

Il est difficile de présenter les débuts d'un être humain. Si quelqu'un est là pour réunir les expériences et les rassembler, pour ressentir et distinguer les sentiments les uns des autres, pour être craintif à bon escient et commencer à organiser les défenses contre la douleur psychique, je dirais alors que le nourrisson EST. L'étude du nourrisson à partir de ce stade doit tenir compte de la psychologie (voir chapitre V).

Vous connaissez sûrement les travaux actuels visant à étudier le nourrisson par l'observation directe. Je me contenterai de vous renvoyer aux références bibliographiques d'un livre récent : *Les Facteurs déterminants du comportement du nourrisson*[1]. Je ne vous parlerai pas de ce type de travail. Pourquoi ? me demanderez-vous, puisque l'observation directe est indispensable à ceux (ils sont nombreux ici) dont l'activité est essentiellement médicale. Je préfère, dans les quelques minutes dont je dispose, vous faire partager un fragment de mon expérience de la

---

1. *Determinants of Infant Behaviour*, vol. 2, Ciba Foundation, Londres, Tavistock Publications, 1961.

psychanalyse et de la pédopsychiatrie auxquelles ma pratique de médecin m'a amené il y
a bien longtemps.

Comment la psychanalyse peut-elle nous
aider à mieux comprendre la psychologie du
nouveau-né ? Évidemment, je pourrais évoquer
certains traits psychiatriques de la personnalité
de la mère ou du père. Mais pour simplifier les
choses, je pars du principe que les parents sont
en bonne santé, ce qui me permet alors d'étudier le nourrisson. Je suppose aussi le nourrisson en bonne santé physique.

La psychanalyse est venue à notre secours
en nous fournissant, en premier lieu, une théorie du développement affectif – la seule théorie, en réalité. Néanmoins, la psychanalyse, à
ses débuts, n'étudiait la problématique infantile qu'à partir du symbolisme des rêves, de
la symptomatologie psychosomatique et du
jeu imaginaire. Elle a ensuite progressivement remonté les années et s'est appliquée
à de jeunes enfants, dès l'âge de deux ans et
demi, ce qui toutefois nous paraît insuffisant
aujourd'hui. Les petits enfants de deux ans et
demi sont en effet étonnamment éloignés de
leur première enfance, à moins d'être malades
et immatures.

Je pense que, pour nous, le développement le plus important de la psychanalyse est d'avoir étendu le travail de l'analyste aux patients psychotiques. On découvre actuellement que les psychonévroses renvoient l'analyste à l'enfance du patient tandis que la schizophrénie le renvoie à sa première enfance, à ses débuts dans la vie et au stade de dépendance presque absolue. En bref, ces patients-là ont été confrontés à une défaillance de l'environnement facilitant avant que leur moi immature et dépendant ait acquis la capacité d'organiser ses défenses.

Pour resserrer encore notre champ de réflexion, je dirai que, lorsqu'on fait de la recherche dans le domaine de la psychologie de la petite enfance, le meilleur patient est le schizophrène borderline, c'est-à-dire celui qui fonctionne suffisamment bien pour venir en analyse et faire le travail pénible mais indispensable au soulagement de la partie très malade de sa personnalité. Il me suffira de vous montrer comment un patient, gravement régressé au cours d'une analyse qui progresse régulièrement, peut enrichir notre compréhension du nourrisson. En effet, c'est un nourrisson qui est là, sur le divan, par terre ou ailleurs. La dépendance est au plus fort, le moi auxiliaire de l'analyste fonctionne activement et on peut observer directement le nourrisson, à cette réserve près qu'il s'agit d'un patient adulte, donc relativement sophistiqué. Cette sophistication qui déforme notre objectif ne doit pas être négligée.

Sachez que je suis conscient de ces déformations et que je ne cherche pas à vous prouver quelque chose mais à vous éclairer. Je vais vous donner deux exemples pour vous montrer que je connais ces *déformations*. Prenons d'abord celui d'un petit schizophrène, âgé de quatre ans. La mère et le père s'occupent eux-mêmes de cet enfant et assument les soins avec une attention particulière. Son cas n'étant pas très grave, l'enfant est en voie de guérison. Dans mon cabinet, il joue à sortir du ventre de sa mère. Assis sur ses genoux, il lui fait allonger les jambes puis il se laisse glisser et plonge par terre. Il répète cette séquence sans se lasser. Ce jeu vient de sa relation tout à fait spéciale avec sa mère : elle est devenue la thérapeute d'un enfant malade au lieu d'être sa mère. Ce jeu est symbolique et il correspond à ce que les gens comme les autres, les gens normaux, aiment faire et à la façon dont la naissance apparaît dans les rêves. Ce petit garçon se souvient-il réellement de sa naissance ? Cela est impossible puisqu'il est né par césarienne. Je sais bien qu'il nous faut sans cesse réactualiser le passé de nos patients, mais, malgré tout, le symbolisme garde sa valeur.

Mon second exemple est celui d'une hystérique qui « se rappelle » sa naissance. Elle s'en souvient dans les moindres détails et fait des rêves d'angoisse. Dans un de ces rêves, le médecin arrive, portant une redingote et un haut-de-forme et muni d'une trousse. Elle se souvient même de ce qu'il a dit à sa mère. Voilà une déformation typiquement hystérique, ce qui n'exclut pas que cette femme ait *aussi* des souvenirs réels de sa naissance. Ce type de matériel onirique n'est pas pertinent dans notre discussion. D'ailleurs, cette patiente savait, en tant qu'adulte, ce qu'est un accouchement et elle avait eu des tas de petits frères et sœurs. À l'opposé, je vous décrirai une petite fille de deux ans jouant le rôle de sa sœur cadette en train de naître. Elle cherchait à établir une nouvelle forme de relation avec cette petite sœur. La séance devait se dérouler de façon précise. Lorsqu'elle entrait dans mon bureau, elle savait ce qu'elle voulait. Elle me faisait asseoir par terre au milieu des jouets et je devais faire semblant d'être « elle ». Ensuite, elle allait chercher son père dans la salle d'attente (sa mère aurait tout aussi bien fait l'affaire, mais c'était son père qui était là). Elle s'asseyait sur ses genoux et jouait à être le bébé en train de naître. Pour ce faire, elle gigotait sur les genoux de son père et plongeait brusquement par terre entre ses jambes en s'écriant : « Je suis un bébé ! » Puis elle se tournait vers moi et m'assignait une fonction spécifique qui était de jouer son rôle. Elle m'indiquait plus ou moins ce que je devais faire. Je devais me mettre très en colère, renverser les jouets et dire : « Je ne veux pas de petite sœur » et autres paroles du même genre. Cette scène se répétait inlassablement. Vous voyez comme il était facile à cette petite fille de jouer à naître en plongeant entre les jambes de son père, ce qu'elle fit une dizaine de fois jusqu'à ce qu'il en ait assez. Elle se mit alors à naître du sommet de la tête de son père. Je dois ajouter qu'il était professeur et que cela le dérangeait moins puisqu'il avait l'habitude de se servir de sa tête.

Mettons-nous au travail maintenant et parlons du réflexe de Moro. Vous savez tous ce dont il s'agit et je n'ai pas besoin de vous décrire comment, quand on lâche un peu la tête d'un bébé, il réagit de façon prévisible. Dans un but scientifique, j'isole ici un aspect de ce que j'appelle des « soins maternels pas suffisamment bons », c'est-à-dire ce qu'une mère *ne* ferait *pas* à son nourrisson. Si les mères ne giflent pas les médecins lorsqu'ils infligent ce test aux nourrissons, c'est parce qu'ils sont médecins et qu'elles ont peur des médecins. Il est évident qu'un seul test de Moro ne déséquilibre pas le psychisme d'un nourrisson. Imaginons pourtant un nourrisson dont la mère, obsédée par le réflexe de Moro, prend son bébé toutes les vingt minutes environ et lui lâche la tête pour voir ce qui se passe. Ce nourrisson-là n'a pas une mère suffisamment bonne, car voilà exactement ce qu'une mère ne ferait pas à son enfant. Une mère ne sait peut-être pas mettre en mots ses sentiments envers son bébé mais, lorsqu'elle le prend dans ses bras, ses gestes sont enveloppants.

J'en viens maintenant à la cure analytique d'une patiente adulte. Au cours d'une très longue analyse, cette femme a eu besoin d'une régression à la dépendance profonde et prolongée. Sa cure m'a fourni une occasion unique d'observer la première enfance telle qu'elle apparaît chez l'adulte. Un bébé à qui on fait subir le test de Moro ne peut nous dire ce qui lui arrive. D'autre part, chaque fois que cette femme se remet d'une phase de régression profonde, elle redevient une adulte avec son savoir et sa sophistication. Elle sait parler. Elle est à la fois un nourrisson et une personne sophistiquée et il faut tenir compte de la complexité de cette situation.

Cette femme a régressé à un stade précoce du développement affectif où l'idée du *self* était encore très simple. En fait, lorsque les soins maternels sont suffisamment bons, il n'est besoin que d'une idée du *self* à peine ébauchée ou, devrais-je dire, de pas d'idée du tout. Le mauvais *holding* (ou la défaillance de l'environnement que représente cette utilisation du test de Moro) entraîne chez le nourrisson une prise de conscience *(awareness)* prématurée pour laquelle il est mal équipé. Si le bébé savait parler, il dirait : « J'étais justement en train de profiter de ma continuité d'être *(continuity of being).* Je n'avais pas de représentation appropriée de mon *self* mais, si j'en avais eu une, j'aurais pu imaginer un cercle. » (J'interromps le bébé pour vous dire que, à mon avis, ceux qui fabriquent les ballons vendus dans les parcs, le lundi de Pâques par exemple – il en va de même en Angleterre –, oublient que les enfants préfèrent une sphère toute simple qui n'obéit pas aux lois de la gravité. Ils ne veulent ni oreilles ni nez ni inscriptions ni rien de semblable.) « J'aurais pu représenter mon *self* par un cercle. » (C'est le bébé qui parle.) « Soudain, deux choses épouvantables me sont arrivées : on a interrompu ma continuité d'être – toute mon intégration personnelle à ce moment-là – et on l'a interrompue en me forçant à me diviser en deux parties, un corps et une tête. Un nouveau schéma de moi-même m'a été subitement imposé : deux cercles séparés au lieu du cercle unique dont, avant cet horrible événement, je n'avais même pas besoin d'avoir conscience. » Le bébé tente par là de décrire une personnalité clivée ainsi que la prise de conscience prématurée provoquée par sa mère lorsqu'elle lui lâchait la tête.

Ce nourrisson a connu la douleur psychique. C'est précisément cette douleur psychique que le schizophrène traîne derrière lui comme un souvenir et une menace, si bien que le suicide devient une alternative à la vie non dépourvue de sens.

Revenons à ma patiente adulte. Vous vous demandez peut-être la raison de cette tendance à régresser à la dépendance. Je répondrai d'abord à cette question. Le développement affectif des patients appelés « borderline » a été entravé mais il existe chez eux une tendance à progresser. Le seul moyen de se rappeler les expériences les plus précoces est de les revivre. À l'époque, ces expériences furent excessivement douloureuses à cause d'un moi infantile encore inorganisé et d'un moi auxiliaire maternel défaillant. Pour revivre ces expériences, il faut une situation éprouvée et soigneusement préparée, telle que le cadre établi par le psychanalyste. En outre, l'analyste est là en personne de sorte que, si tout se passe bien, le patient peut le haïr et lui reprocher la défaillance originelle de l'environnement facilitant qui a déformé les processus de maturation.

J'ai pu travailler avec cette patiente de nombreux détails de sa première enfance apparus au cours de sa psychanalyse. Je dois vous dire que j'ai fait avec elle quelque chose d'exceptionnel dans ma pratique : je me suis retrouvé à côté d'elle sur le divan, tenant sa tête dans ma main. Un tel contact physique est rare dans le travail psychanalytique et j'ai fait là quelque chose de très vilain et de totalement étranger à la psychanalyse. Je voulais lâcher sa tête pour voir si le réflexe de Moro se manifestait encore. Je savais ce qui allait arriver. Elle eut une violente crise d'angoisse, et cela parce qu'elle était clivée. Il nous fut alors possible de poursuivre notre travail et de découvrir la signification psychologique de cette crise d'angoisse. Ma patiente me dit ce qui était arrivé à son *self* infantile et m'apprit que, à ce moment-là, le cercle unique s'était transformé en deux cercles. Cette expérience est un exemple du clivage de la personnalité dû à une défaillance spécifique de l'environnement facilitant, qui n'a pas laissé place à la croissance du moi.

J'ai rarement l'occasion de faire ce genre d'expérience car mon travail de thérapeute consiste justement à éviter de commettre les erreurs ou les fautes qui pourraient entraîner une douleur psychique intolérable. Il n'est pas question de sacrifier un patient sur l'autel de la science. Hélas ! il nous arrive de nous tromper pour la seule raison que nous sommes humains. C'est ainsi que nous faisons des expériences et que nous devons, dans la mesure du possible, faire face à leurs conséquences. Dans l'exemple que je viens de vous donner, j'ai agi délibérément.

Cet exemple suffit à montrer que le réflexe de Moro *ne* dépend *pas toujours* de l'existence d'un arc réflexe. Je veux dire par là que ce n'est pas nécessaire, que le contexte neurologique n'est pas *indispensable*. Il existe une réponse neurophysiologique et une réponse psychologique et l'une laisse parfois place à l'autre. Si l'on veut être exhaustif, il est dangereux de ne pas tenir compte de la psychologie.

Ces agonies primitives sont peu nombreuses et comprennent, par exemple, la chute sans fin, toutes les formes de désintégration et ce qui désunit la psyché et le corps. Vous allez comprendre aisément ce que je veux dire : quand les soins maternels ont été suffisamment bons, le développement affectif du nourrisson se fait selon un mouvement progressif. Chez le schizophrène, on observe une impulsion à revenir aux processus de la période néonatale qui ont entravé le mouvement progressif dès ce stade très précoce. Cette conception de la schizophrénie nous aide à comprendre à la fois la schizophrénie et le nourrisson.

Les souvenirs de la naissance et le sens que le nourrisson donne à cet événement mériteraient un travail approfondi mais je n'ai pas le temps de développer ces thèmes ici. Je vous

raconterai pourtant le rêve d'une jeune schizophrène dont la naissance fut difficile et je ferai
d'abord l'hypothèse qu'il existe une naissance
normale (sur le plan psychologique), c'est-à-
dire la moins traumatique possible. Lorsque
la naissance a été normale et si on se place du
côté du nourrisson, on peut dire que c'est lui
qui a déclenché l'accouchement puisqu'il était
prêt. En se tortillant – peut-être avait-il besoin
de respirer – le nourrisson a fait *(did)* quelque
chose de sorte que, de son point de vue, c'est
lui qui a déclenché l'accouchement. C'est normal et fréquent. Ces événements apparaissent
plus rarement dans la cure analytique que dans
le symbolisme, l'imagination et le jeu. Dans
la cure, c'est *ce qui s'est mal passé* qui se présente ; je pense par exemple à l'attente du bébé
qui va naître et qui n'a aucune raison d'espérer
voir cette attente se terminer.

Je reviens maintenant à cette jeune schizophrène à qui j'ai consacré 2 500 heures de
mon temps. Elle avait un QI exceptionnellement élevé (environ 180, je crois). Elle était
venue me demander de la prendre en analyse
afin de pouvoir se suicider pour de bonnes
raisons, et non pour de mauvaises raisons. En
cela, j'ai échoué. Au moment où elle a fait ce

rêve, elle revivait sa naissance en analyse, avec toutes les déformations que peut y apporter une femme particulièrement intelligente. Sa mère était très névrosée et j'ai toutes les raisons de penser qu'un choc grave subi par cette dernière avait entraîné chez ma patiente une prise de conscience quelques jours avant sa naissance, si cela est possible (ce que je crois). Un placenta praevia non diagnostiqué à temps avait compliqué l'accouchement. Cette jeune femme avait fait ses débuts dans la vie du mauvais pied et elle n'a jamais retrouvé la cadence.

Alors que, une fois encore, elle tentait d'analyser les conséquences de tout ce qui lui était arrivé, elle emprunta mon exemplaire du *Traumatisme de la naissance* de Rank. Encore une complication ! Dans le type de travail que je vous présente, il faut savoir accepter toutes ces complications et les prendre en compte. La nuit qui suivit la lecture de ce livre, elle fit un rêve qui lui sembla extrêmement significatif et je pense que vous serez de son avis. De tels rêves sont le pain quotidien de l'analyste. Si les rêves vous sont familiers, vous comprendrez que le rêve de cette patiente exprime l'affirmation de sa confiance en moi, l'analyste, comme étant celui qui la maintient *(holding her),* c'est-à-dire qui s'occupe d'elle et qui l'analyse. Ce rêve traduit aussi son état paranoïde perma- nent, sa vulnérabilité et ses plaies vives contre lesquelles elle avait organisé toutes sortes de défenses. Un psychanalyste vous dirait qu'il est impossible que la plupart des facteurs détermi- nants de ce rêve remontent à un moment aussi lointain que la naissance. Je vais néanmoins vous le raconter pour illustrer mon propos. Voici donc comment cette femme se représen- tait les instants qui suivirent sa naissance.

« Elle a rêvé qu'elle était sous un tas de gra- vier. Toute la surface de son corps était d'une sensibilité extrême, à un point quasi impos- sible à imaginer. Sa peau était brûlée, ce qui lui paraissait être sa façon de dire qu'elle était extrêmement sensible et vulnérable. Elle était brûlée partout. Elle savait que si quelqu'un venait lui faire quoi que ce soit, la douleur serait tout simplement impossible à supporter, dou- leur tant physique que morale. Elle n'ignorait pas le danger qu'il y avait qu'on vienne enlever le gravier et lui faire des choses pour la soigner et la situation était intolérable. Elle mit l'accent sur le fait que c'était accompagné de sentiments intolérables comparables aux sentiments affé- rents à sa tentative de suicide. (Elle avait fait

deux tentatives de suicide et a fini par se suicider.) Elle dit : "C'est simple, ça ne peut plus
durer, on ne peut plus rien supporter. L'horreur,
c'est d'avoir un corps et puis l'esprit n'en peut
plus. C'est trop. C'était l'ampleur et le caractère absolu du travail qui le rendait si impossible. Si seulement on me laissait tranquille, si
seulement on cessait de m'embêter." Pourtant,
voici ce qui se passait dans le rêve : quelqu'un
venait verser de l'huile sur le gravier avec elle
dedans. L'huile passait au travers, touchait sa
peau et elle en était recouverte. Puis on la laissait sans intervenir d'aucune façon pendant
trois semaines, au bout desquelles on pouvait
enlever le gravier sans qu'elle en souffre. Il res-
tait cependant un petit point douloureux entre
les seins, une surface triangulaire que l'huile
n'avait pas atteinte et d'où sortait quelque chose
qui ressemblait à un petit pénis ou à un cordon.
Il fallait s'en occuper et naturellement c'était un
peu douloureux, mais au demeurant tout à fait
supportable. Cela n'avait simplement pas d'importance, on l'avait juste enlevé en tirant[1]. »

---

1. Le récit de ce rêve se retrouve dans « Les souvenirs de la naissance, le traumatisme de la naissance et
l'angoisse », in *De la pédiatrie à la psychanalyse, op. cit.*

Ce rêve vous permettra d'imaginer, entre autres, ce qu'on peut ressentir quand on vient de naître. Il ne s'agit pas ici de ce que j'appelle une naissance normale puisque la lenteur de l'accouchement avait donné lieu à une prise de conscience prématurée.

Certains, j'en suis sûr, ne seront pas convaincus par cette approche. J'ai voulu toutefois vous signaler que, actuellement, on travaille beaucoup sur cette question. Peut-être n'en aviez-vous pas entendu parler car elle concerne une discipline qui vous est étrangère. Cette théorie qui considère que, dans la schizophrénie, les processus de maturation de la première enfance se défont (*undoing*) est pleine d'enseignements sur le bébé et sa mère pour les psychiatres mais aussi, j'en suis persuadé, pour les pédiatres, les neurologues et les psychologues.

5

Le début de l'individu[1]

Dans une lettre adressée au *Times* et publiée le 3 décembre 1966, le Dr Fisher a soulevé une fois de plus la question suivante : à partir de quel moment peut-on parler d'individu ? En réponse à l'Église catholique qui considère l'avortement comme un meurtre, cette lettre affirmait que, de toute évidence, on peut parler d'individu dès la naissance. Nombreux sont ceux qui seraient tentés de partager ce point de vue. C'est pourquoi, pour faciliter notre réflexion, il me paraît nécessaire de rappeler ici les divers stades du développement de l'enfant.

Voici donc quelques idées qui me semblent utiles et qui pourront être développées par la

---

1. Texte écrit en réponse à une lettre adressée au *Times* par le Dr Fisher, alors archevêque de Canterbury.

suite. À mon sens, il faut savoir ne pas tout dire sans pour autant omettre un seul des phénomènes physiologiques et psychologiques pertinents.

1. « Conçu »

L'enfant débute au moment où il est « conçu », moment qui réapparaît aussi bien dans les jeux des enfants âgés de plus de deux ans que dans les rêves et diverses activités. Puis vient le mariage et le temps de penser à avoir soi-même des enfants. Il va sans dire qu'il ne suffit pas de « concevoir » un enfant pour le faire. Charles Lamb en donne un exemple bien triste dans « Dream Child » (L'enfant du rêve) tiré des *Essays of Elia*.

2. La conception

La conception est un phénomène physiologique qui résulte de la fécondation d'un ovule et de l'implantation de l'ovule fécondé dans l'endomètre utérin. La parthénogenèse n'existe que dans la mythologie. Exceptionnellement, la conception peut avoir lieu en dehors de l'utérus, dans la cavité péritonéale. L'approche psycho-

logique de ce phénomène comporte une alternative : soit l'idée de la conception précède la
conception elle-même, soit, si ce n'est pas le
cas, la conception est accidentelle. On devrait
probablement qualifier de *normale* l'idée que
l'enfant est un (petit) accident. Mettre trop fortement l'accent sur l'idée que la conception
de l'enfant est le résultat d'un désir conscient
serait faire preuve de sentimentalité. Il y aurait
beaucoup à dire sur la théorie de la conception comme « petit accident ». Cet événement
entraîne des bouleversements considérables
dans la vie des parents qui sont d'abord surpris,
voire agacés. Mais cette catastrophe se transforme en son contraire lorsque les circonstances
sont favorables et que les parents réalisent plus
ou moins rapidement qu'ils avaient précisément
besoin de cette catastrophe-là.

3. *Le cerveau en tant qu'organe*

Le stade suivant ne saurait être limité et
comprend des étapes intermédiaires. Il serait
logique de fixer ce stade à la période où il est
dangereux que la mère contracte la rubéole,
c'est-à-dire les deux ou trois premiers mois

pendant lesquels la croissance est très rapide et
où se produisent les changements qui abouti-
ront à la formation du cerveau. Le problème est
différent suivant qu'on considère qu'un enfant
est un être humain avant de disposer d'un cerveau ou qu'un enfant est un être humain seulement lorsque le cerveau est devenu une réalité
anatomique. Certes, ces arguments n'ébranle-
ront pas la conviction de ceux qui soutiennent
avec passion que l'être humain existe dès le
moment où l'ovule est fécondé, qu'il y ait ou
non implantation dans un milieu adéquat.

À ce point de notre réflexion, une question
se pose : un enfant né anencéphale est-il un
être humain ? On peut débattre à l'infini le sta-
tut des enfants souffrant, à des degrés divers,
des handicaps mentaux causés par un défaut
du développement cérébral. Dans notre pratique, nous savons que certains enfants arriérés
sont des êtres humains mais nous rencontrons
parfois des états d'arriération tels qu'on souhaiterait disposer d'une catégorie qui dispense-
rait de les classer parmi les êtres humains. Un
débat sur l'existence d'une telle démarcation et
sur la classification des enfants en fonction de
cette dernière suscite nécessairement de vives
émotions.

4. *Les premiers mouvements du fœtus*

Entre le stade n° 3 et le stade n° 5, le fœtus donne la preuve qu'il bouge et qu'il est « plein de vie ». Ce phénomène n'est pas constant : le moment de son apparition varie et il se produit même en cas de déficience du tissu cérébral. C'est pourquoi nous ne le retiendrons pas ici bien qu'il soit très important pour les parents.

5. *La viabilité*

Arrive le moment où on dit que le fœtus est viable, c'est-à-dire qu'il a une chance de survivre s'il naît prématurément. Sa chance de survie dépend en grande partie de son environnement. On a déjà vu des bébés naître à six mois et, grâce à des soins médicaux attentifs, atteindre un développement apparemment normal à la date initialement prévue pour la naissance. Le devenir des prématurés a fait l'objet de nombreux travaux. Quant à moi, je pense que, si un seul enfant né à six mois se développe normalement, on peut fixer la viabilité théorique à six mois. Beaucoup considèrent ce stade comme fondamental dans un débat sur le début de l'individu.

6. *La psychologie devient significative*

Au cours du développement d'un être humain en bonne santé, un changement se produit : la psychologie vient s'ajouter à l'anatomie et à la physiologie. En tant qu'organe, le cerveau permet à l'être humain d'enregistrer les expériences, de stocker les données et de commencer à trier et à classer les phénomènes. Des mots tels que « frustration » prennent sens lorsque le nourrisson est capable de penser qu'il attendait quelque chose mais que son attente n'a pas été totalement satisfaite. Si on se fonde sur mon analyse descriptive de ces phénomènes, on a la preuve que l'individu existe avant sa naissance. Le débat est loin d'être clos mais je pense que, plus que tout autre observateur attentif, le psychanalyste est bien placé pour constater, en s'appuyant sur son expérience clinique, qu'il y a un décalage entre le développement psychologique d'un individu et sa naissance. Le contraste entre une naissance prématurée et une naissance après terme est la façon la plus simple d'étudier ce problème. Le psychanalyste en arrive forcément à la conclusion que le terme psychologique de la grossesse coïncide avec le terme physiologique, à savoir le moment où l'enfant est prêt à quitter

le ventre de sa mère. On peut même faire l'hypothèse d'une naissance normale, une naissance
qui, du point de vue du nourrisson, survient au
bon moment, c'est-à-dire au moment où son
organisation psychique lui permet de vivre ce
processus comme quelque chose de naturel. Les
divers traumatismes de la naissance pourraient
éclairer cette question difficile. Comme il serait
trop compliqué de les évoquer ici, je me réfé-
rerai plutôt aux grandes différences psychologiques qu'on peut observer entre un nourrisson
prématuré et un nourrisson né après terme. En
deux mots, je dirai qu'une couveuse procure au
premier un environnement naturel tandis qu'elle
ne convient pas du tout au second, peut-être né
le pouce dans la bouche, déjà frustré. Je pourrais
bien entendu traiter ce thème plus longuement
mais, pour conclure, je vous ferai seulement
remarquer que l'assertion du Dr Fisher, selon
laquelle l'individu débute à la naissance, mérite-
rait plus ample développement.

7. *La naissance*

Dans sa lettre, le Dr Fisher affirme que c'est
à la naissance qu'on peut commencer à parler

d'individu. Or la naissance renvoie davantage au changement qui se produit chez la mère ou les parents qu'à celui qui se produit chez le nourrisson. On sait qu'elle entraîne des bouleversements physiologiques importants et pourtant rien n'oblige à la faire coïncider avec un événement aussi capital que le début de l'individu. Peut-être faudrait-il renoncer à cette idée dans une discussion de ce genre ? La seule raison qui m'inciterait à tenir compte de la naissance est le bouleversement qu'elle provoque dans l'attitude des parents. Tout le monde reconnaît que le bébé est là, que c'est un individu même s'il est mort-né ou monstrueux.

8. *Moi/non-moi*

Nous pouvons désormais laisser de côté la physiologie, y compris les facteurs génétiques sous-jacents aux processus de maturation et les maladies organiques éventuelles. Personne ne conteste qu'un enfant est un individu si, par exemple, une encéphalite perturbe le développement de sa personnalité. Notre discussion relève donc maintenant de la psychologie. Mais il y a deux sortes de psychologie. Celle que je qualifie d'expérimentale concerne les phénomènes physiques alors que celle qui nous intéresse ici concerne les facteurs affectifs, l'édification de la personnalité et l'évolution graduelle et graduée de la dépendance absolue à l'indépendance, en passant par la dépendance relative. Puisque l'environnement joue un rôle primordial, il est impossible de décrire un nourrisson ou un petit enfant sans décrire aussi les soins qu'il a reçus et qui ne se différencient de l'individu que peu à peu. Autrement dit, lorsque les processus de maturation sont facilités de façon très complexe par les êtres humains qui prennent soin de lui, l'enfant peut renoncer à ce qui est non-MOI et mettre en place ce qui est MOI. C'est seulement par la suite que le nourrisson, s'il savait parler, dirait JE SUIS. À ce point de son développement, il a encore des progrès à faire pour consolider ce stade puisque, dans un premier temps, il lui arrive de régresser au stade antérieur où tout est confondu et où les divers éléments sont encore mal différenciés. Dans la vie de chaque enfant il y a, sans qu'on puisse le dater avec certitude, un moment précis où il a le sentiment d'exister par lui-même et d'avoir une certaine identité, à ses propres yeux et pas seulement aux yeux de ceux qui l'observent.

On pourrait alors commencer à parler d'individu mais, dans un débat d'inspiration religieuse, ce stade est considéré comme trop tardif.

9. *L'objectivité*

Avec les changements inhérents à la croissance de l'individu, chaque enfant acquiert la capacité de reconnaître que sa réalité psychique intérieure lui est propre, quoique enrichie par sa perception de l'environnement. En même temps, il sait que cet environnement existe et qu'existe aussi un monde qui lui est extérieur, un monde que j'appellerai réel. La différence entre ces deux extrêmes se trouve atténuée lorsque la mère, les parents, la famille et tous ceux qui s'occupent du nourrisson et du petit enfant s'adaptent à cette situation. L'enfant finit par accepter le principe de réalité et par en tirer un grand bénéfice. Par ailleurs, ces processus de maturation n'interviennent pas nécessairement chez les enfants dont l'environnement a été confus. Voici donc à nouveau un stade qui apporte une réponse évidente à la question : peut-on dire maintenant que l'enfant est un individu ?

10. *Le code moral*

Le développement d'un code moral personnel est intimement lié à ces phénomènes
et préoccupe surtout ceux qui sont chargés de
l'instruction religieuse. On rencontre deux atti-
tudes opposées : certains ne prennent aucun
risque et imposent un code moral au nourrisson
dès son plus jeune âge ; d'autres, au contraire,
sont prêts à tout risquer pour que l'individu puisse élaborer son propre code moral.
L'éducation des enfants se situe quelque part
entre ces deux extrêmes et, aussi bien du point
de vue de la société que de celui des instances
religieuses, une théorie du début de l'individu
doit tenir compte du moment où un enfant se
sent responsable de ses idées et de ses actes.

11. *Le jeu et l'expérience culturelle*

Si un individu a pu faire coexister de façon
satisfaisante les apports de l'environnement
et les processus de maturation hérités, il en
est récompensé car se met en place une aire
intermédiaire qui aura par la suite une grande
importance dans sa vie. Cette aire intermédiaire

se manifeste d'abord dans l'intensité du jeu propre aux jeunes enfants pour devenir plus tard une vie culturelle infiniment riche. Ces phénomènes s'appliquent à l'individu en bonne santé et ne vont pas de soi. Lorsqu'ils existent chez un enfant, ils jouent un rôle vital dans sa vie psychique.

12. *La réalité psychique personnelle*

C'est en fonction de ses propres expériences et de sa capacité à les emmagasiner que l'individu acquiert progressivement la capacité de croire en... et de faire confiance. Sous l'influence de son milieu culturel immédiat, l'enfant aura peut-être tendance à croire en ceci, en cela ou en autre chose. Mais sa capacité de croire en... et de faire confiance dépend de toutes ses expériences de la réalité et du rêve. Les points que je viens d'évoquer sont essentiels quoique trop sophistiqués pour être inclus dans notre débat : à quel moment peut-on parler d'individu ? Cependant, tout porte à croire que ceux qui s'intéressent au début de l'individu s'intéressent aussi à son développement futur.

6

Environnement sain
dans la petite enfance[1]

Chacun de vous, lorsqu'il travaille avec de
jeunes enfants, fait appel à sa propre expérience
clinique du nourrisson, qu'il s'agisse de sa
croissance, de son développement ou des facteurs physiques qui perturbent ce développement. Quant à moi, je vous parlerai aujourd'hui
des difficultés qui ne relèvent pas de maladies
physiques et, pour simplifier mon propos, je
partirai du principe que le bébé est bien portant. Vous ne m'en voudrez pas, je pense,

---

1. Les éditeurs ont réuni deux versions d'une communication présentée lors d'un colloque organisé par la
Royal Society of Medecine à Londres en mars 1967. Des
extraits ont été publiés dans *Maternal and Child Care*,
janvier 1968.

d'attirer votre attention sur les aspects non physiques des soins donnés au bébé puisque, dans
votre pratique, vous êtes sans cesse confrontés à ces problèmes et que vos centres d'intérêt dépassent largement le cadre de la maladie
physique.

Vous savez sans doute que j'ai débuté
comme pédiatre et que, au fil de ma carrière, je
suis devenu psychanalyste et pédopsychiatre.
Ma pratique initiale de la médecine organique
a fortement influencé mon travail. Il se trouve
que j'ai une très grande expérience pour la
simple raison que j'exerce depuis quarante-
cinq ans, ce qui m'a permis d'accumuler quantité de données. Je me contenterai d'évoquer
devant vous la théorie extrêmement complexe
du développement affectif de l'être humain en
tant qu'individu. Je tiens cependant à vous faire
partager mes convictions acquises au cours de
ces quarante-cinq années.

Aussi étrange que cela puisse paraître, la
formation exclusivement médicale des médecins et des infirmières appauvrit l'intérêt qu'ils
portent au nourrisson en tant qu'être humain.
Au début de ma carrière, j'avais moi-même
conscience de mon incapacité à ressentir pour
les bébés la même empathie que celle que

j'éprouvais pour les enfants plus âgés. Je savais bien que c'était une lacune et je fus soulagé de voir peu à peu se développer ma sensibilité à la relation entre le nourrisson et sa mère ou entre le nourrisson et ses parents. Je suis persuadé que nombre de ceux qui ont reçu une formation purement médicale connaissent un blocage similaire et qu'un travail approfondi sur eux-mêmes leur est nécessaire pour pouvoir « chausser les sabots » d'un bébé. Cette expression vous surprendra peut-être puisque les nouveau-nés ne portent pas de sabots, mais je suis sûr que vous comprendrez ce que je veux dire.

Les pédiatres doivent prendre en compte la fonction parentale lorsqu'ils s'adressent aux parents ; il est donc indispensable qu'ils sachent comment un bébé débute dans la vie en tant qu'être humain et individu. Le médecin intervient en cas de maladie tandis que les parents jouent un rôle essentiel en permanence et pas seulement quand l'enfant est malade. La mère ou les parents sont parfois perturbés lorsque le médecin qu'ils ont fait venir en toute confiance ne s'intéresse qu'à la pneumonie de l'enfant et ignore leurs efforts pour s'adapter aux besoins de leur bébé quand il n'est pas malade. À titre d'exemple, la majorité des problèmes alimentaires du nourrisson ne sont pas liés à une infection ou à une incompatibilité biochimique du lait mais aux immenses difficultés que rencontre toute mère lorsqu'elle doit s'adapter aux besoins d'un nouveau-né. Il lui faut accomplir cette tâche seule car deux bébés ne se ressemblent jamais. De toute façon, jamais deux mères ne se ressemblent et une mère n'est jamais la même avec chacun de ses enfants. Ni les livres, ni les infirmières, ni les médecins ne peuvent apprendre à une mère à faire ce qu'on attend d'elle. Elle-même a été un nourrisson, elle a pu observer d'autres parents avec leurs bébés, elle s'est parfois occupée de ses propres frères et sœurs. Elle a beaucoup appris, mais c'est en jouant au papa et à la maman dans sa plus tendre enfance qu'elle a acquis des gestes d'une importance vitale.

Certaines mères, il est vrai, trouvent dans les livres une aide relative. N'oublions pas toutefois que, quand une mère a recours aux livres ou quand elle a besoin de conseils pour apprendre ce qu'elle doit faire, on peut se demander si elle est apte à sa tâche. En effet, une mère doit puiser ses connaissances au plus profond d'elle-même, sans forcément faire appel à la forme d'intelligence qui utilise les mots. L'essentiel de ce que fait une mère avec son bébé ne passe pas par les mots. Cela est évident, quoiqu'on ait tendance à l'oublier. Au cours de mes longues années de pratique, j'ai souvent rencontré des médecins, des infirmières et des enseignants qui pensaient pouvoir dire aux mères comment faire et qui consacraient une grande partie de leur temps à instruire les parents. Plus tard, lorsqu'ils sont devenus pères et mères à leur tour, je les ai observés et j'ai longuement discuté avec eux de leurs difficultés. J'ai alors découvert que nombre d'entre eux s'étaient sentis obligés d'oublier tout ce qu'ils croyaient savoir et même ce qu'ils avaient enseigné. Souvent, ils se rendaient compte que ce type de connaissances les empêchait, au début, d'être naturels avec leur premier enfant. Ils ont progressivement réussi à se débarrasser de ce savoir inutile et à pouvoir enfin s'occuper de leur bébé.

Le holding *(maintien)*
et le handling *(maniement)*

On peut utiliser la notion de *holding* pour décrire les soins donnés au nourrisson à condition d'élargir le sens de ce terme à mesure que le bébé grandit et que son univers devient plus complexe. Il est même intéressant d'employer ce terme pour parler de la fonction de la cellule familiale et, à un niveau plus élaboré, pour décrire le travail clinique pratiqué par les soignants.

Au début, cependant, le fait de tenir physiquement le bébé entraîne des effets psychologiques, bons ou mauvais. Un bon *holding* et un bon *handling* facilitent les processus de maturation alors qu'un mauvais *holding* provoque des interruptions répétées de ces mêmes processus, en raison des réactions du bébé aux défaillances de l'adaptation.

Dans ce contexte, « faciliter » signifie s'adapter aux besoins fondamentaux et seul un être humain en est capable. Une couveuse peut convenir à un prématuré mais la maturité d'un bébé né à terme exige qu'un être humain s'occupe de lui même si, bien entendu, un berceau ou un landau sont parfois précieux pour la mère. Si la mère d'un petit être humain peut s'adapter aux besoins de son bébé lors de cette phase précoce, c'est que, momentanément, elle n'a pas d'autre centre d'intérêt.

La plupart des bébés ont la chance de bénéficier d'un bon *holding* qui va leur donner confiance en un monde amical. Plus important encore, un *holding* suffisamment bon leur permettra de connaître un développement affectif très rapide et d'édifier les bases de leur personnalité. Quand le *holding a* été bon, le bébé ne s'en souvient pas mais, quand il a été insuffisant, le bébé garde le souvenir d'une expérience traumatique.

Les mères savent tout cela et le tiennent pour acquis. Elles se sentent blessées dans leur chair lorsque, sous leurs yeux, quelqu'un (le médecin qui fait le test de Moro par exemple) offense leur bébé sans le protéger.

J'emploie le mot « offenser » pour traduire les conséquences d'un mauvais *holding* pour le bébé. Il est vrai que, en général, les bébés traversent les premières semaines ou les premiers mois de leur vie sans être offensés. Malheureusement, lorsqu'il y a offense, la responsabilité en incombe aux médecins et aux infirmières qui, contrairement aux mères, ne se préoccupent pas des besoins fondamentaux du bébé.

Assurément, ces offenses ont de l'importance. Dans notre travail avec des enfants plus âgés et des adultes, nous découvrons que, d'une part, elles ont créé un sentiment d'insécurité et que, d'autre part, les réactions à ces offenses ont bloqué les processus de développement et ont interrompu le sentiment de continuité, c'est-à-dire l'enfant lui-même.

La relation d'objet

Lorsqu'un pédiatre s'occupe de l'allaitement au sein ou au biberon, il se réfère à la physiologie de ces deux formes d'allaitement et ses connaissances en biochimie lui sont d'une grande utilité. Je voudrais vous faire remarquer que, quand la mère et le bébé s'adaptent l'un à l'autre lors de la tétée, une relation humaine s'instaure. La capacité de l'enfant à établir des relations avec les objets et avec le monde se mettra en place sur ce modèle.

Ma longue expérience m'a enseigné que le modèle de la relation objectale se forme dans la petite enfance et que les débuts de la vie sont vraiment essentiels. On serait tenté de parler de réflexes. Les médecins et les infirmières ne doivent pas tomber dans ce piège et croire que, puisque les réflexes existent, ils expliquent tout.

Le bébé est un être humain, immature et extrêmement dépendant. C'est aussi un individu qui fait des expériences et les emmagasine. Les implications pratiques de cette constatation sont capitales pour ceux qui gèrent les stades les plus précoces de sa vie. Un grand nombre de mères réussiraient à donner le sein si les médecins et les infirmières, dont elles sont tellement dépendantes, acceptaient de reconnaître que seule la mère est apte à cette tâche. On peut la gêner ou bien l'aider en lui apportant diverses formes de soutien, mais on ne peut pas lui apprendre à allaiter.

Une mère sait intuitivement certaines choses très subtiles sans les comprendre intellectuellement, à condition qu'on la laisse tranquille et qu'on lui accorde pleine et entière responsabilité dans le domaine qui est le sien. Elle sait par exemple qu'allaiter n'est pas seulement donner le sein.

Quelle offense, je dirais même quel viol, lorsqu'une infirmière exaspérée enfonce le mamelon du sein de la mère ou la tétine du biberon dans la bouche du bébé pour amorcer le réflexe de succion. Aucune mère n'agirait ainsi de sa propre initiative.

Le bébé met souvent un certain temps avant de chercher un objet et, quand il le trouve, il n'a pas nécessairement envie d'en faire son repas. Il a envie de s'amuser avec l'objet à l'aide de ses mains et de sa bouche et peut-être même de s'y accrocher avec ses gencives. Chaque couple mère-nourrisson vit cette expérience différemment.

C'est là que commence non seulement l'allaitement mais la relation d'objet. L'ensemble des relations de ce nouvel individu avec le monde réel dépendra de ces débuts et du modèle personnel qui se construit progressivement à partir des interrelations entre la mère et le bébé, c'est-à-dire entre deux êtres humains.

Une fois de plus, le sujet est immense et concerne même les philosophes. Il faut en effet accepter le paradoxe suivant : ce que le bébé crée était déjà là et ce que le bébé crée est, en réalité, la partie de la mère qu'il a trouvée.

Cela ne se serait pas produit si la mère n'avait pas été dans un état particulier, un état où elle peut se présenter à l'enfant de façon à ce qu'il la trouve plus ou moins au bon moment et au bon endroit. C'est ce que j'appelle s'adapter aux besoins du bébé et lui permettre de découvrir le monde sur un mode créatif.

Que faire puisque nous ne pouvons pas apprendre aux mères à s'occuper de leur bébé ? Il est une chose que nous, médecins et infirmières, pouvons faire, c'est *éviter d'intervenir*. C'est très simple. Nous devons mesurer les limites de nos compétences et évaluer les besoins réels de la mère en matière de soins médicaux. En respectant ce principe, il nous sera aisé de laisser à la mère ce qu'elle est seule à pouvoir faire.

Chez nos patients, enfants plus âgés ou adultes, on s'aperçoit que bien des difficultés liées à une déformation de la personnalité auraient pu être évitées : un médecin, une infirmière ou une notion médicale erronée sont souvent à l'origine des troubles du développement. On aurait pu les prévenir – nous en avons constamment la preuve – en empêchant un médecin, une infirmière ou un prétendu conseiller d'intervenir dans les processus naturels extrêmement subtils de la relation mère-nourrisson.

Il est vrai que la vie du bébé se complique à mesure qu'il grandit. Les défaillances de l'adaptation maternelle sont elles-mêmes une façon de s'adapter au besoin croissant qu'a l'enfant de réagir à la frustration, de se mettre en colère et de s'essayer à répudier l'objet pour rendre l'acceptation de cet objet de plus en plus significative et excitante. Dans l'ensemble, les mères et les pères grandissent imperceptible-ment avec chacun de leurs enfants.

On se rend compte assez rapidement que le bébé est devenu un être humain. En fait, c'est un être humain depuis sa naissance et il me paraît fondamental d'admettre cette réalité le plus tôt possible.

Permettez-moi de vous parler maintenant d'un troisième aspect des soins maternels.

Les excrétions

Dans un premier temps, l'ingestion est pri-mordiale pour le bébé. Il découvre les objets et les reconnaît par la vue et l'odorat. C'est égale-ment le début de la constance de l'objet : l'ob-jet lui-même prend de l'importance et cesse d'être seulement un objet parmi d'autres ou une source de satisfaction.

Les processus du développement affectif et la maturation associés à la croissance du tissu cérébral amènent le bébé à s'intéresser à son tube digestif et aux mécanismes alimentaires. Au cours des premières semaines et des premiers mois, le bébé sait ce qu'est l'ingestion mais, en même temps, il excrète des fèces et de l'urine. Ainsi l'ingestion se trouve-t-elle compliquée par toutes sortes d'activités excrétoires qui n'ont aucun sens pour le bébé en tant que personne.

On observe que, à l'âge de six ou sept mois, le bébé peut faire le lien entre excrétion et ingestion. Le bébé dont la conscience s'éveille rapidement s'intéresse alors à son intérieur, c'est-à-dire à ce qui se trouve entre sa bouche et son anus. Il en va de même pour son esprit. Corps et esprit, le bébé est devenu un contenant.

Il y a dorénavant deux sortes d'excrétion. L'une est vécue comme nocive – nous la désignons comme *mauvaise* – et le bébé a besoin de sa mère pour s'en débarrasser. L'autre, vécue comme *bonne,* peut servir de cadeau dans un moment d'amour. L'esprit et la psyché se développent en même temps que les sentiments liés à cette fonction corporelle.

Chaque bébé suit son propre rythme pour établir la distinction entre le bon et le mauvais et accepter d'éliminer ce qui est à éliminer par des moyens appropriés. C'est pourquoi les médecins et les infirmières ne devraient pas intervenir lorsque les parents laissent leur bébé découvrir seul comment devenir « propre » ou « sec ».

À l'écoute de son bébé pendant toute cette période, la mère est particulièrement sensible à ce qu'il ressent. Elle l'aide à se débarrasser de ses cris et de ses hurlements, de ses coups de pied et de ses excréments tout en sachant les recevoir quand il est prêt à lui en faire cadeau par amour. Elle s'adapte aux capacités actuelles de son bébé en tenant compte du stade de développement dans lequel il se trouve.

L'apprentissage de la propreté rend beaucoup plus difficile cette communication délicate entre le bébé et sa mère et fausse la mise en place d'un modèle qui lui apprendra à donner à bon escient et à être constructif.

Les manipulations anales et urétrales actives à l'aide de suppositoires ou de lavements sont plus graves encore qu'un apprentissage strict et *elles ne sont pratiquement jamais nécessaires.* Je me permets de recommander avec insistance à ceux qui s'occupent des bébés de respecter leurs fonctions naturelles.

Il arrive que certaines mères ou certains substituts maternels soient incapables de laisser faire la nature mais ils sont l'exception. Quoi qu'il en soit, ne prenons pas pour exemples des comportements non maternels, pathologiques et contraires à la nature.

Si je disposais d'un peu plus de temps, j'apporterais la preuve de ce que j'avance. Je vous demande cependant de bien vouloir me croire sur parole et d'accepter l'idée que la *prophylaxie* est encore plus importante que le traitement des troubles psychiatriques (qui a été jusqu'à présent l'objet de mon travail). Pour atteindre ce but, il ne s'agit pas d'apprendre aux mères à être mères, il faut amener les médecins et les infirmières à comprendre *qu'ils ne doivent pas intervenir* dans les mécanismes délicats à l'œuvre lors de l'édification des relations interpersonnelles comme celle qui se noue entre le bébé et sa mère.

7

Contribution de la psychanalyse[1]

Je tiens à vous rappeler que c'est la compétence des sages-femmes, fondée sur la connaissance scientifique des phénomènes physiologiques, qui donne confiance à leurs patientes. L'étude de la psychologie est inutile si elle ne vient pas compléter une formation médicale. En effet, une sage-femme ne saurait faire face à un accouchement difficile, causé par un placenta praevia par exemple, si elle cherchait à remplacer ses connaissances médicales par son intuition psychologique.

1. Conférence prononcée en 1957 dans le cadre de la formation organisée par l'Association des superviseurs de sages-femmes. Publiée dans *The Family and Individual Development*, Londres, Tavistock Publications Ltd, 1965.

En revanche, une fois que les sages-femmes ont acquis cette formation théorique et pratique indispensable, elles travaillent mieux si elles apprennent aussi à comprendre leurs patientes en tant qu'êtres humains.

Le rôle de la psychanalyse

Comment la psychanalyse peut-elle aider les sages-femmes dans leur pratique ? La psychanalyse fournit d'abord une approche minutieuse et détaillée de l'individu lors des cures longues et difficiles. Ensuite elle nous aide à comprendre diverses anomalies telles que les métrorrhagies, les fausses couches à répétition, les nausées de la femme enceinte et la dystocie utérine. Bien d'autres symptômes physiques s'expliquent en partie par un conflit inconscient chez la patiente et ces troubles psychosomatiques ont déjà fait l'objet de nombreux travaux. Pour ma part, je vais vous parler, sans toutefois entrer dans les détails, d'un autre aspect de la contribution de la psychanalyse, à savoir l'impact des connaissances psychanalytiques théoriques sur les relations entre l'équipe médicale et la patiente au cours d'un accouchement.

Si on compare l'attitude des sages-femmes d'aujourd'hui à ce qui se passait il y a vingt ans, on constate que la psychanalyse a déjà fait changer les choses. De nos jours, on accepte qu'une sage-femme ait envie de compléter sa formation et d'ajouter à ses compétences une compréhension psychologique de ses patientes. Une patiente est une personne qui est venue au monde, a été un nourrisson, a joué au papa et à la maman, a eu peur des remaniements de la puberté, a été confrontée aux pulsions de l'adolescence, a fait le saut et s'est (peut-être) mariée avant de se trouver enceinte accidentellement ou volontairement.

Pendant son séjour à la maternité, cette patiente se préoccupe de son retour à la maison et des changements que la naissance du bébé apportera dans sa vie personnelle et ses relations avec son mari et chez ses parents et ses beaux-parents. Elle s'attend à ce que ses relations avec ses autres enfants se compliquent, de même que celles des enfants entre eux.

Quand nous travaillons, n'oublions pas que nous sommes des êtres humains et notre travail deviendra plus intéressant et gratifiant. Il faut tenir compte de quatre personnes et de quatre points de vue. Il y a d'abord *la femme,* dans un

état très particulier qui ressemble à une maladie si ce n'est qu'il est normal. *Le père* est
dans un état relativement similaire et le tenir
à l'écart appauvrirait notre travail. À sa naissance, *le nourrisson* est déjà une personne et,
de son point de vue, la différence entre les bons
et les mauvais soins a un sens. Enfin, il y a *la
sage-femme* qui n'est pas seulement une techni-
cienne mais aussi un être humain : elle connaît
des émotions et des sautes d'humeur, des
moments d'excitation et de déception ; peut-
être aimerait-elle être la mère, ou le bébé, ou
le père, ou encore chacun d'eux à tour de rôle.
Elle est généralement contente d'être la sage-
femme, tout en se sentant frustrée par moments.

LES PROCESSUS ESSENTIELLEMENT NATURELS

Au fond, mon discours est centré sur l'idée
que des processus naturels sous-tendent toujours cet événement qu'est l'accouchement.
Notre travail n'en sera que meilleur si nous,
médecins, sages-femmes et infirmières, respec-
tons et facilitons ces processus naturels.

Les mères ont accouché pendant des milliers
d'années avant l'entrée en scène des sages-
femmes dont, à l'origine, le rôle était proba-

blement de lutter contre les superstitions. De nos jours, cette lutte s'appuie sur une attitude scientifique fondée sur l'observation objective. Les sages-femmes reçoivent donc une formation scientifique qui leur permet d'écarter les pratiques dictées par la superstition. Et le père ? Autrefois, avant d'être remplacé par les médecins et la société, le père avait une fonction bien définie. Sensible à ce que ressentait sa femme, il souffrait avec elle et l'aidait, en la protégeant des empiètements imprévisibles du monde extérieur, à atteindre le stade de préoccupation où seuls comptent les soins à donner au bébé qui est dans son ventre ou dans ses bras.

UN NOUVEAU REGARD SUR LE NOURRISSON

L'attitude envers le nourrisson a évolué. Les parents ont toujours considéré leur bébé comme une personne, voyant déjà en lui un petit homme ou une petite femme. Mais, le nourrisson n'étant pas un petit adulte, la science a d'abord réfuté cette idée et, aux yeux des observateurs objectifs, le nourrisson était à peine un être humain jusqu'à ce qu'il commence à parler. Néanmoins, on a récemment découvert que le nourrisson est effectivement un être humain, quoique infantile comme il convient. La psychanalyse a progressivement montré que l'accouchement laisse des traces chez le nourrisson, qu'il vive ce processus comme normal ou anormal. Il est probable que chaque détail de l'accouchement, tel qu'il est vécu par le nourrisson, s'inscrit dans son psychisme. J'y vois l'explication du plaisir que procurent aux adultes les jeux reproduisant les phénomènes dont ils ont fait l'expérience à leur naissance : ils se sont retournés, ils sont tombés, ils ont éprouvé diverses sensations en passant d'un milieu aquatique à la terre ferme, d'une température constante à des variations de température auxquelles il fallait s'adapter, ils ont dû faire un effort pour trouver l'air et la nourriture qui leur étaient jusqu'alors fournis par « pipeline ».

La mère en bonne santé

Une des difficultés que rencontrent les sages-femmes dans leurs relations avec les mères concerne le diagnostic. Je ne fais allusion ni à l'état de santé physique de la mère, qui est du domaine de l'équipe médicale, ni aux anomalies corporelles. Je veux parler de la santé, bonne ou mauvaise, au sens psychiatrique du terme. Commençons par ce qui est normal.

La patiente en bonne santé n'est pas une patiente. C'est une personne mûre et parfaitement saine, tout à fait capable de prendre des décisions importantes, peut-être même plus adulte que la sage-femme qui s'occupe d'elle. Sa dépendance vient de la situation particulière dans laquelle elle se trouve. Elle se remet momentanément entre les mains de la sage-femme, ce qui est un signe de bonne santé et de maturité. La sage-femme doit alors respecter l'indépendance de la mère aussi longtemps que possible, parfois même jusqu'à la fin du travail quand l'accouchement est normal et facile. Elle doit aussi accepter la dépendance absolue des nombreuses mères qui ne peuvent vivre leur accouchement qu'en s'en remettant entièrement à la personne qui s'occupe d'elles.

LA RELATION MÈRE/MÉDECIN/SAGE-FEMME

À mon avis, c'est parce que la mère en bonne santé est une femme mûre et adulte qu'elle ne peut s'en remettre à une sage-femme ou à un médecin qu'elle ne connaît pas. Il est donc important qu'elle apprenne à les connaître avant l'accouchement. Si elle leur fait confiance, elle leur pardonne jusqu'à leurs erreurs. Dans le cas contraire, elle vit mal cette expérience : n'osant pas se fier à eux, elle tente de s'en sortir seule – peut-être même a-t-elle peur de ce qui lui arrive ? Elle les rend responsables de tout incident, qu'ils soient fautifs ou non. Et elle n'a pas tort dans la mesure où ils ne lui ont pas donné l'occasion d'apprendre à les connaître.

Je mets l'accent sur un point essentiel : la mère, le médecin et la sage-femme doivent apprendre à se connaître et rester en contact pendant toute la grossesse, si possible. Au cas où cela serait irréalisable, la mère doit au moins rencontrer la personne qui va l'accoucher bien avant la date prévue.

Un hôpital qui ne permet pas à une femme de savoir à l'avance quel médecin ou quelle sage-femme l'accouchera n'est pas un bon hôpital, même s'il s'agit du service le plus moderne, le mieux équipé, le plus stérile et le plus rutilant qui soit. Pour cette raison, certaines mères décident d'accoucher chez elles, assistées par leur médecin de famille et de ne faire appel à l'hôpital qu'en cas d'extrême urgence. À mon avis, on devrait soutenir la démarche des femmes qui désirent accoucher chez elles car il serait regrettable que, au nom d'un idéal de soins, on en arrive à rendre l'accouchement à domicile impossible.

La personne qui a su gagner la confiance de la mère doit lui fournir toutes les explications nécessaires concernant le travail et l'accouchement, ce qui contribue à corriger les idées erronées et effrayantes qu'elle aurait pu entendre ici ou là. Les femmes en bonne santé en ont plus besoin et en profitent mieux que les autres.

Une femme mûre et en bonne santé, ayant une relation saine avec son mari et sa famille, a besoin, au cours de l'accouchement, de la compétence professionnelle d'une sage-femme. Elle a besoin que la sage-femme soit présente et l'aide le moment venu, en cas de complication. Au demeurant, elle est sous l'emprise de forces naturelles et d'un processus aussi automatique que l'ingestion, la digestion ou l'élimination. Plus on laisse faire la nature, mieux cela vaut pour la femme et le bébé. Je vous citerai ce qu'a écrit une de mes patientes, mère de deux enfants. Cette femme s'achemine, me semble-t-il, vers la fin d'une analyse très difficile qui l'a obligée à retourner au point de départ afin de se libérer des problèmes créés par sa mère lors de son développement précoce. « ... Au moment du travail et de l'accouchement, une femme, même si elle est relativement mûre sur le plan affectif, a du mal à maîtriser la situation. Elle cherche à capter l'attention, la considération, les encouragements et la complicité de la personne qui s'occupe d'elle, comme un enfant a besoin de l'aide de sa mère chaque fois qu'il aborde une nouvelle expérience importante de son développement. »

Pour en revenir aux processus naturels de l'accouchement, il est difficile d'oublier que le nouveau-né humain a une tête ridiculement grosse !

La mère en mauvaise santé

À l'opposé de la femme mûre et en bonne santé dont la sage-femme est amenée à s'occuper se trouve la femme malade, c'est-à-dire immature sur le plan affectif, incapable de jouer son rôle dans les opéras-comiques de la Nature ou simplement déprimée, angoissée, méfiante ou en pleine confusion. Dans ce cas, la sage-femme doit savoir faire un diagnostic. Raison de plus pour qu'elle connaisse sa patiente avant que cette dernière soit dans l'état particulier d'inconfort qui caractérise la fin de la grossesse. Les sages-femmes doivent recevoir une formation en psychiatrie adulte afin de pouvoir traiter les femmes en bonne santé comme telles. Une mère immature nécessite assurément une aide spécifique de la part de la personne qui s'occupe d'elle. Alors que la femme normale a besoin qu'on l'instruise, la femme malade a besoin qu'on la rassure. Il arrive qu'une mère malade mette à l'épreuve la patience de la sage-femme, qu'elle se montre insupportable et qu'il faille la retenir dans un moment de grande excitation. Face à ce comportement, la sage-femme doit faire appel à son bon sens et savoir agir ou ne pas agir selon les circonstances.

Lorsque le père et la mère sont en bonne santé – et c'est le cas le plus fréquent – la sage-femme est leur employée et rend avec plaisir les services qu'on lui demande. Lorsque la mère est malade ou incapable de se comporter en adulte, la sage-femme est alors une infirmière qui seconde le médecin ; son employeur est le service hospitalier. Il serait regrettable que cette manière de s'adapter aux mères en mauvaise santé envahisse un acte naturel orienté vers la vie et non vers la maladie.

De nombreuses patientes se situent entre ces deux extrêmes que j'ai distingués dans un but descriptif. Je tiens à vous le dire : même si les mères sont parfois hystériques, difficiles et autodestructrices, la sage-femme doit toujours tenir compte de la santé et de la maturité affective de ses patientes et ne pas penser que toutes les mères sont infantiles. En effet, la majorité d'entre elles sont compétentes et savent à quel moment laisser la sage-femme faire son travail. Les mères en bonne santé s'en sortent mieux que les autres. Ces femmes – mères, épouses (et sages-femmes) – savent valoriser des gestes qui, sinon, ne seraient qu'efficaces et enrichir un acte routinier qui ne doit son succès qu'à une absence de complications.

La prise en charge de la mère et de son bébé

Voyons maintenant comment s'occuper de la mère lorsque, après l'accouchement, s'établit sa première relation avec le nouveau-né. Comment se fait-il que, quand on laisse les mères s'exprimer librement et se souvenir, leur discours ressemble si souvent au témoignage que voici ? (Je cite un cas rapporté par un de mes collègues mais il m'est fréquemment arrivé d'entendre les mêmes propos.)

« Sa naissance a été normale et il était désiré par ses parents. Il a tété aussitôt après l'accouchement, semble-t-il, mais il n'a été mis au sein que trente-six heures plus tard. C'était un bébé difficile qui avait tout le temps envie de dormir et, pendant quinze jours, les tétées ont été fort insatisfaisantes. La mère avait le sentiment que les puéricultrices ne la comprenaient pas et ne la laissaient pas assez longtemps avec son bébé. Elle raconte qu'elles mettaient le sein de force dans la bouche du bébé, lui tenaient le menton pour le faire téter et lui pinçaient le nez pour l'obliger à lâcher le sein. De retour chez elle, cette mère n'eut aucun mal à allaiter normalement. »

J'ignore si les puéricultrices savent que les femmes se plaignent ainsi. Peut-être sont-elles mal placées pour entendre leurs remarques ? Il est d'ailleurs peu probable que les mères se plaignent de celles à qui elles doivent tant. Je ne crois pas non plus que le récit des mères soit toujours exact. Je m'attends généralement à voir leur imagination à l'œuvre, comme il se doit, car nous sommes faits d'autre chose que de réalités concrètes : le vécu de nos expériences et la façon dont elles se mêlent à nos rêves font partie de tout ce qu'on appelle la vie et l'expérience individuelle.

LA SENSIBILITÉ POSTNATALE

Notre travail de psychanalyste nous montre que la mère qui vient d'avoir un bébé est dans un état de grande sensibilité et que, pendant une ou deux semaines, elle est susceptible de croire en l'existence d'une femme persécutrice. Je pense qu'il existe une attitude analogue chez la puéricultrice ou la nurse qui a tendance à devenir une figure dominatrice. On assiste parfois à la rencontre entre une mère se sentant persécutée et une nurse engagée pour s'occuper du bébé, qui poursuit sa tâche avec obstination, comme poussée par la peur plutôt que par l'amour.

La mère met souvent fin à cette situation complexe en renvoyant la nurse, ce qui est douloureux pour tout le monde. À l'inverse, c'est encore pire lorsque la nurse « gagne » : désespérée, la mère se soumet et sa relation avec son bébé ne réussit pas à se mettre en place.

Je ne trouve pas de mots pour qualifier les forces puissantes à l'œuvre en ce moment critique mais je peux essayer d'expliquer ce qui se produit. C'est quelque chose de très étrange. La mère, sans doute épuisée physiquement, parfois même incontinente, fortement dépendante de l'équipe médicale et de ses compétences, est l'unique personne capable de présenter le monde au bébé d'une façon qui ait un sens pour lui. Si elle peut le faire, ce n'est pas parce qu'elle a reçu une formation appropriée ou parce qu'elle est intelligente, c'est parce qu'elle est la mère naturelle. Toutefois, son instinct maternel ne se développe pas si elle a peur, si elle ne voit pas son bébé dès la naissance ou si on le lui apporte seulement aux heures des tétées fixées par les puéricultrices. Ce n'est pas ainsi que les choses se passent. Le lait maternel ne coule pas comme une excrétion. Il coule en réponse à un stimulus, c'est-à-dire quand la mère voit, sent et touche son bébé et quand le bébé pleure pour indiquer qu'il a faim. Les soins maternels et le rythme des tétées forment un tout et deviennent, telle une chanson sans paroles, une façon de communiquer entre la mère et le bébé.

DEUX CARACTÉRISTIQUES OPPOSÉES

La mère est donc à la fois une personne extrêmement dépendante et *la spécialiste* de l'allaitement au sein, si difficile à mettre en place, et du remue-ménage entourant les soins infantiles. Les puéricultrices ont parfois du mal à accepter ces deux caractéristiques opposées chez une mère et cherchent à instaurer la relation entre la mère et son bébé comme si elles faisaient déféquer une femme constipée. Elles tentent l'impossible. Les inhibitions alimentaires commencent souvent ainsi chez le bébé et, même lorsqu'on utilise enfin le biberon, la tétée ne s'intègre pas au vécu du nourrisson et à l'ensemble des soins qu'il reçoit. Dans ma pratique, je suis fréquemment amené à corriger ce genre d'erreurs commises, dès les premiers jours ou les premières semaines, par une puéricultrice qui n'a pas compris que, toute spécialiste qu'elle soit, sa tâche ne consiste pas à faire en sorte que la relation entre un nourrisson et le sein de sa mère s'établisse.

En outre, je vous rappelle que les puéricultrices éprouvent elles-mêmes des sentiments, comme les sages-femmes, et qu'il leur est pénible de rester à regarder un nourrisson perdre son temps au sein. Elles ont envie de mettre le sein de force dans la bouche du bébé ou d'écraser la bouche du bébé contre le sein. Le bébé réagit alors en se retirant.

Et ce n'est pas tout. De façon quasi universelle, la mère a plus ou moins le sentiment d'avoir volé son bébé à sa propre mère. Ce fantasme a pour origines l'époque où elle jouait au papa et à la maman et ses rêves de petite fille imaginant que son père était son prince charmant. La mère a tendance à croire – parfois elle ne peut faire autrement – que la puéricultrice ou la nurse est une mère vengeresse venue lui enlever son bébé. Il vaudrait mieux ne pas intervenir. On ne doit pas retirer trop souvent le bébé à sa mère et la priver ainsi d'un contact naturel. On doit aussi éviter de ne lui apporter son bébé, enveloppé dans un châle, qu'au moment des tétées. Cette pratique a disparu de nos jours mais elle était encore courante récemment.

Les rêves, l'imaginaire et le jeu restent actifs chez la mère, même quand on l'aide à retrouver le sens de la réalité, ce qu'elle fera d'ailleurs naturellement quelques jours ou quelques semaines plus tard. Ainsi la puéricultrice (ou la nurse) doit parfois s'attendre à être vécue comme persécutrice, aussi exceptionnellement compréhensive et patiente qu'elle soit. Son travail consiste à savoir tolérer cette situation. La plupart du temps, la mère finira par se rétablir et par voir cette femme telle qu'elle est : une puéricultrice (ou une nurse) essayant de comprendre mais aussi un être humain dont la patience a des limites.

De plus, la mère accepte difficilement, surtout si elle est immature ou si sa petite enfance a été quelque peu carencée, qu'on ne s'occupe pas d'elle et qu'on donne à son bébé les soins dont elle-même aurait besoin. Puis la mère se sépare de la nurse qu'elle avait engagée ou la nurse quitte la mère ; la perte du soutien que constitue une bonne nurse entraîne parfois de graves difficultés.

C'est ainsi que la psychanalyse, telle que je la conçois, sensibilise les soignants et tous ceux qui travaillent dans le champ des relations humaines au respect mutuel entre les êtres et au respect des droits de l'individu. La société a besoin de techniciens, y compris en médecine. Lorsqu'ils ont affaire à des êtres humains et non à des machines, les techniciens doivent savoir comment les gens vivent, pensent et profitent de leur expérience.

8

Dépendance et soins maternels[1]

La dépendance est un *fait et* il est important d'en convenir. La dépendance est une réalité. Comme, de toute évidence, les bébés et les enfants ne peuvent pas se débrouiller seuls, nous avons tendance à négliger les *faits* par lesquels la dépendance se manifeste.

L'histoire de l'enfant qui grandit est celle d'un enfant qui passe en tâtonnant de la dépendance absolue à l'indépendance, avec des moments de moindre dépendance. Chez l'enfant mature et chez l'adulte, l'indépendance est un heureux mélange de besoins et d'amour, un amour dont on ne prend conscience que lorsqu'on le perd et qu'on éprouve du chagrin.

---

1. Article publié dans la revue *Your Child*, vol. 2, 1970.

Avant la naissance, la dépendance absolue du bébé se conçoit comme étant physique ou corporelle. Au cours des dernières semaines de la vie intra-utérine, le corps du bébé se développe. On peut envisager qu'un sentiment de sécurité (ou d'insécurité) s'ébauche, conformément au fonctionnement psychique limité d'un bébé qui n'est pas encore né et au développement incomplet de son cerveau. La prise de conscience qui intervient avant la naissance et pendant l'accouchement est variable et dépend de l'imprévisibilité de l'état de la mère et de sa capacité à vivre pleinement les angoisses alarmantes, dangereuses mais souvent gratifiantes de la fin de la grossesse.

Au début de sa vie, un bébé est très dépendant et, par conséquent, tout ce qui lui arrive l'affecte. Il ne comprend pas ce que nous comprendrions si nous étions à sa place. Néanmoins, il fait en permanence des expériences qu'il mémorise ; soit elles lui permettent de faire confiance au monde qui l'entoure, soit elles l'en empêchent. Il a le sentiment d'être un bouchon ballotté sur la mer, d'être le jouet des circonstances et, lorsque l'environnement est défaillant à l'extrême, rien ne lui semble prévisible.

À l'opposé, si sa mère est capable de s'adapter à ses besoins, le bébé aura le sentiment que tout est prévisible. Cette question est éminemment complexe et difficile à traduire en mots. En réalité, seule la mère qui se consacre entièrement à son bébé pendant un temps peut s'adapter, bien ou suffisamment bien, à ses besoins. Ce n'est pas en faisant des efforts ou en lisant des livres qu'elle y parviendra. Sa capacité d'adaptation vient de l'état particulier propre à presque toutes les mères à la fin de neuf mois de grossesse : leur bébé est naturellement leur unique centre d'intérêt et elles savent ce qu'il ressent.

Certaines mères ne réussissent pas à atteindre cet état avec leur premier enfant. D'autres y arrivent avec le premier mais n'y parviennent pas avec le suivant. On n'y peut rien. La réussite n'est pas systématique. D'ailleurs, lorsqu'une mère rencontre des difficultés avec un de ses enfants, il y a souvent dans son entourage un suppléant : le père de l'enfant, une grand-mère ou une tante. En général, la mère peut atteindre cet état si son environnement est suffisamment fiable. Elle *sait* s'adapter aux besoins de son bébé, sans forcément tout comprendre, même si elle l'a d'abord rejeté pendant quelques minutes ou quelques heures. Elle a été elle-même un bébé, avec des besoins identiques. Elle ne s'en souvient pas mais, comme aucune expérience ne se perd, elle peut reconnaître la dépendance de son bébé car sa grande sensibilité et sa capacité de comprendre lui permettent de s'adapter à ses besoins réels.

Un savoir théorique n'est pas indispensable et, depuis des millénaires, les mères accomplissent leur tâche avec plaisir et de façon satisfaisante. Tant mieux si quelques connaissances théoriques viennent s'ajouter à ce que la mère fait naturellement, surtout quand elle doit défendre son droit d'agir comme elle l'entend et éventuellement de se tromper. Ceux qui se proposent d'aider les mères, y compris le corps médical, ne connaissent pas aussi bien qu'elles les besoins immédiats du bébé et la manière de s'y adapter (elles viennent d'en faire l'apprentissage pendant neuf mois).

La faim n'est pas seule en cause et ces besoins sont multiples. Quel dommage de donner des exemples car seul un poète saurait en décrire l'infinie variété ! Je ferai cependant quelques remarques pour aider le lecteur à comprendre à quoi ressemblent les besoins du bébé lorsqu'il est dépendant.

Premièrement, il y a les besoins corporels. Le bébé a besoin qu'on le prenne et qu'on le change de côté. Il a besoin d'avoir plus chaud ou d'être moins serré dans ses vêtements pour éviter de rester mouillé de transpiration. Sa peau sensible a besoin d'un contact plus doux, de laine par exemple. Il a mal (une colique peut-être) et on doit alors le poser contre son épaule et le porter pendant quelques instants. Les tétées font partie de ces besoins corporels. Il est évident que le bébé a besoin d'être protégé des nuisances telles que le bruit des avions volant à basse altitude, un vent violent qui pourrait renverser son berceau ou le soleil qui l'éblouit.

En second lieu, le bébé a des besoins beaucoup plus subtils auxquels seul un être humain peut répondre. Peut-être a-t-il besoin d'être en contact avec le rythme de la respiration de sa mère, d'entendre ou de sentir les battements de cœur d'un adulte ; peut-être a-t-il besoin de l'odeur de sa mère ou de son père, des bruits indiquant que son environnement est bien vivant et enfin de couleurs et de mouvement. Sinon, le bébé, trop jeune et immature pour assumer la responsabilité de sa vie, risque de devoir puiser dans ses propres ressources.

Si on ne tient pas compte de ces besoins, il peut arriver que le bébé éprouve des angoisses d'une gravité inimaginable. Lorsqu'on le laisse trop longtemps sans contact humain familier (pendant des heures ou des minutes), voici comment on peut décrire ce qu'il vit : « S'en aller en morceaux faire une chute sans fin mourir, mourir, mourir, perdre tout espoir de voir le contact se rétablir. »

Le plus souvent, il est important de le dire, le bébé traverse ces stades précoces de dépendance sans jamais faire de telles expériences parce que sa dépendance a été reconnue et ses besoins fondamentaux satisfaits et parce que sa mère ou un substitut maternel s'est adapté à ses besoins.

De bons soins maternels transforment ces sentiments épouvantables en bonnes expériences grâce auxquelles le bébé pourra faire confiance aux gens et au monde qui l'entoure. Si le bébé est dans de bonnes mains, « s'en aller en morceaux » se transforme en détente et tranquillité ; « faire une chute sans fin » se transforme en joie d'être porté et en plaisir et excitation de changer de place ; « mourir,

mourir, mourir » se transforme en un sentiment délicieux, celui d'avoir conscience d'être en vie ; « perdre tout espoir de voir le contact se rétablir » se transforme en une certitude : on l'aime même quand on le laisse seul.

La plupart des bébés reçoivent des soins suffisamment bons et, qui plus est, prodigués par une seule et même personne. Ensuite ils prennent plaisir à connaître d'autres personnes et à leur faire confiance ; elles aussi savent les aimer d'un amour fiable et capable de s'adapter.

C'est parce qu'on aura su reconnaître sa dépendance que le bébé pourra répondre aux exigences que sa mère ou son environnement ne manqueront pas de formuler tôt ou tard.

À l'inverse, il arrive que l'environnement soit défaillant alors que le bébé est encore dépendant. Cela entraîne des dommages variables, parfois difficiles à réparer. Dans le meilleur des cas, le bébé, en devenant un enfant puis un adulte, va porter en lui le souvenir enfoui de la catastrophe qu'a vécue son *self*. Il dépense beaucoup de temps et d'énergie à organiser sa vie de manière à ne pas revivre une telle douleur.

Au pire, le développement de l'enfant sera déformé à jamais et sa personnalité altérée ou faussée. Lorsque cela se produit, certains pensent que l'enfant est méchant et ne comprennent pas que ces symptômes ont pour origine une défaillance grave de l'environnement. Ils croient qu'il faut traiter ces symptômes par les punitions ou le dressage. L'enfant en souffre et il est parfois si perturbé qu'un diagnostic de maladie mentale est établi. On doit alors traiter un trouble qui aurait dû être évité.

Face à ce grave problème, il est rassurant de se dire que ces souffrances sont épargnées à la plupart des bébés. Ils se développent sans avoir besoin de dépenser leur temps et leur énergie à construire une forteresse autour d'eux afin d'éloigner un ennemi qui, en réalité, demeure dans l'enceinte de cette forteresse.

Le plus souvent, le bébé est désiré et aimé par sa mère, ses parents et l'ensemble de sa famille. Ainsi se crée le cadre au sein duquel il va devenir un individu. Ce qu'il reçoit en héritage lui donne la possibilité d'accomplir son propre destin (si la réalité extérieure le permet) et il est heureux de pouvoir s'identifier aux autres personnes, aux animaux et aux choses faisant partie de son environnement et à la société en perpétuel remaniement.

Cela est possible parce que des êtres humains ont su reconnaître la dépendance du bébé – dépendance absolue au début puis tendant progressivement vers l'indépendance – et s'adapter sans rancœur aux besoins d'un individu en cours de développement, grâce à des liens intimes élémentaires qu'on peut, pour plus de facilité, appeler amour.

9

Communication
entre le nourrisson et la mère[1]

Dans la première conférence de cette
série, le Dr Sandler a parlé de la nature de
la psychanalyse. Dans les deux qui sui-
vront, on vous parlera de la communication
inconsciente telle qu'elle existe entre les
parents et les enfants et entre mari et femme.
Aujourd'hui, dans cette conférence, je vais

1. Ce texte, traduit par Jeannine Kalmanovitch, fait
partie d'une série de conférences sur la psychanalyse
connue sous le nom de *Conférences d'hiver*, donnée à
Marylebone, Londres, janvier 1968. Il a été publié dans
What Is Psychoanalysis ?, Londres, Baillière, Tindell
and Cassell Ltd., 1968. Les notes préliminaires datant de
novembre 1967 ont été incluses en annexe de ce recueil,
car elles présentent ce thème sous un angle légèrement
différent.

m'attacher à la communication entre le nourrisson et la mère.

Vous aurez déjà remarqué que le terme d'inconscient n'apparaît pas dans mon titre. La raison en est évidente. Le mot « inconscient » ne s'appliquerait que par rapport à la mère. Pour le nourrisson, il n'y a pas encore un conscient et un inconscient dans le champ que je désire examiner. Ce qu'il y a là, c'est un monceau d'anatomie et de physiologie auquel s'ajoute un potentiel qui se développera jusqu'à devenir une personnalité humaine. Il existe une tendance générale vers la croissance physique et une tendance vers le développement dans la partie psychique de l'association psychosomatique ; il y a, aussi bien dans le domaine physique que dans le domaine psychologique, des tendances héritées, et ces tendances héritées du côté de la psyché comprennent celles qui mènent à l'intégration ou à la réalisation de la globalité. La base de toutes les théories concernant le développement de la personnalité humaine est la continuité, la ligne de vie, dont le début se trouve sans doute avant la naissance effective du nourrisson ; la continuité implique l'idée que rien de ce qui a fait partie de l'expérience d'un individu n'est perdu ou ne peut jamais être perdu pour cet individu, même si de toutes sortes de façons complexes, cela devait devenir inaccessible à la conscience et le devient en fait.

Pour que le potentiel hérité ait une chance de devenir effectif au sens où il se manifeste dans la personne de l'individu, il faut que l'environnement y pourvoie de façon adéquate. Il est commode d'utiliser une expression telle que le « maternage suffisamment bon » pour donner un aperçu non idéalisé de la fonction maternelle ; en outre, il est important d'avoir présent à l'esprit le concept de dépendance absolue (du nourrisson par rapport à l'environnement), qui se change rapidement en dépendance relative, et qui suit toujours la voie vers l'indépendance (mais sans jamais l'atteindre). L'indépendance signifie l'autonomie, la personne devient viable, en tant que personne aussi bien que physiquement (en tant qu'unité distincte séparée).

Ce schéma du développement de l'être humain laisse place au fait qu'au début le nourrisson n'a pas fait la distinction entre ce qui est « non-moi » et ce qui est « moi », de sorte que, dans le contexte particulier des relations précoces, le comportement de l'environnement fait tout autant partie du nourrisson que la conduite de ses impulsions héritées menant vers l'intégration et vers l'autonomie et l'établissement de relations objectales, et vers une association psychosomatique satisfaisante[1].

La partie la plus précaire du complexe qu'on appelle un nourrisson est son expérience de vie cumulative. Cela fait vraiment une différence selon que je suis né d'une Bédouine là où le sable est chaud ou d'une prisonnière politique en Sibérie ou d'une femme de marchand dans la campagne humide mais magnifique de l'ouest de l'Angleterre. Imaginez que je sois un banlieusard conventionnel ou que je sois illégitime ; que je sois un enfant unique, un aîné ou l'enfant du milieu dans une fratrie de cinq, ou le troisième garçon de quatre garçons d'affilée. Tout cela a de l'importance et fait partie de moi.

Un enfant naît de différentes façons avec le même potentiel hérité, mais à partir du mot

---

1. Cela surprend certains lorsque l'on dit que les tendances héritées du nourrisson sont des facteurs externes mais elles sont tout aussi clairement externes à sa personne que l'est la capacité de la mère à être une mère suffisamment bonne, ou sa tendance à être gênée dans ce qu'elle fait en raison d'une humeur dépressive.

« Va ! », il vit et recueille des expériences différentes suivant le moment dans le temps et le
lieu de l'espace où il (ou elle) apparaît. Même
naître : dans le temps, la mère était accroupie
et la gravité attirait le bébé vers le centre du
globe ; arriva le moment où la mère fut, contre
nature, allongée sur le dos et préparée comme
pour une opération et elle dut pousser comme
si elle allait à la selle parce que la gravité ne
tirait pas directement l'enfant. Voici une naissance au cours de laquelle la mère s'est fati-
guée de pousser, l'utérus est devenu inerte et
elle a ainsi tout remis au lendemain matin. Puis
elle a bien dormi, mais le bébé, déjà alerté pour
le grand plongeon, a dû attendre une éternité.
L'effet a été désastreux et toute sa vie cette personne a été claustrophobe et ne supportait pas
d'intervalles imprévus entre les événements.

Mon argument est peut-être clair maintenant : une sorte de communication s'établit
avec force depuis le tout début de la vie de
chaque individu et, quel que soit le *potentiel,*
l'édification des *expériences vécues* – ce qui
devient une personne – ne tient qu'à un fil ; le
développement peut être suspendu ou dévoyé
n'importe quand et il peut même ne jamais se

manifester ; en fait, au début, la dépendance est absolue.

Vous noterez que je vous emmène là où la verbalisation n'a pas de sens. Quel rapport y a-t-il donc alors entre tout cela et la psychanalyse qui s'est édifiée sur le processus de l'interprétation verbale des pensées et des idées verbalisées ?

Pour être bref, je dirai que la psychanalyse a dû débuter sur la base de la verbalisation et qu'une telle méthode est exactement appropriée au traitement d'un patient qui n'est ni schizoïde, ni psychotique, chez qui les expériences primitives peuvent être considérées comme présupposées. Habituellement, nous appelons ces patients des psychonévrosés pour montrer clairement qu'ils ne viennent pas à l'analyse pour corriger une expérience de vie très précoce ou en raison du défaut total d'expériences originelles. Les névrosés, eux, ont déjà franchi les premières expériences suffisamment bien pour avoir le privilège de souffrir à cause de conflits personnels intimes et de la gêne qu'entraînent les défenses qu'ils ont dû édifier en eux pour faire face à l'angoisse relative à la vie instinctuelle, la défense principale étant le refoulement. Ces patients sont perturbés par le travail qu'ils doivent faire pour maintenir en l'état l'inconscient refoulé et ils trouvent du soulagement au cours du traitement psychanalytique dans des expériences nouvelles simplifiées, qui constituent des échantillons soigneusement choisis au jour le jour par eux (même si ce n'est pas délibérément) pour une confrontation en fonction de la névrose de transfert, qui, elle, est toujours mouvante.

À l'inverse, dans nos investigations analytiques, les phénomènes très précoces apparaissent comme des caractéristiques primaires sous deux aspects : premièrement, dans les phases schizoïdes que tout patient peut traverser, ou dans le traitement de sujets effectivement schizoïdes (ce n'est pas mon propos ici et maintenant) ; deuxièmement, dans l'étude des expériences précoces effectives des nourrissons, soit sur le point de naître, soit au cours de la naissance, ou tenus après la naissance, ou au moment des soins qu'on leur donne, et avec lesquels on communique dans les premières semaines et les premiers mois, bien avant que la verbalisation en soit venue à prendre un sens.

Ce que j'essaye de faire ici par conséquent, c'est examiner ce point particulier : l'expérience primitive de vie de tout enfant, en me référant spécialement à la communication.

Selon mon hypothèse, au début il *existe* une dépendance absolue et l'environnement a vraiment de l'importance. Mais alors comment se fait-il que tout nourrisson parvienne à traverser les complexités des phases primitives du développement ? Il est certain qu'un nourrisson ne peut se développer et devenir une personne s'il n'y a qu'un environnement non humain ; même la meilleure machine ne pourrait jamais fournir ce qui est nécessaire. Non, il faut un être humain, et les êtres humains sont essentiellement humains – c'est-à-dire imparfaits –, sans la fiabilité de la mécanique. L'utilisation que fait le nourrisson de l'environnement non humain dépend de son utilisation antérieure d'un environnement humain.

Mais alors, comment pouvons-nous formuler une description du stade suivant qui concerne l'expérience de vie du nourrisson lorsqu'il se retrouve dans un état de dépendance absolue ?

Nous pouvons postuler un état chez la mère[1] – un état psychiatrique ressemblant au repli

---

1. Quand je dis la mère, je n'exclus pas le père, mais à ce stade c'est l'aspect maternel du père qui nous intéresse.

ou à la concentration ; c'est quelque chose qui (dans la santé) la caractérise quand elle arrive à la fin de la grossesse et qui dure des semaines et des mois après qu'elle a mis au monde son enfant (j'ai traité ce sujet et l'ai appelé : « La préoccupation maternelle primaire[1] »). Notre hypothèse est que les enfants du monde passé et présent sont nés et naissent dans un environnement qui s'adapte juste de façon correcte, appropriée aux besoins du nourrisson.

Les mères (ou les substituts maternels) paraissent être capables d'atteindre cet état et cela peut les aider si on leur dit que cela durera seulement un temps, qu'elles s'en remettront. Bien des femmes redoutent cet état et pensent qu'il va les transformer en légumes ; par conséquent, elles s'accrochent aux vestiges d'une carrière qu'elles considèrent comme si leur vie était en jeu et elles ne s'abandonnent jamais, même temporairement, à une implication totale.

Dans cet état-là, il est probable que les mères deviendront tout spécialement capables de se

---

1. Voir Donald W. Winnicott, « La préoccupation maternelle primaire » (1956), traduit par Jeanine Kalmanovitch, in *La Mère suffisamment bonne*, Paris, Payot, coll. « Petite Bibliothèque Payot », 2006, p. 35-50.

mettre à la place du nourrisson, c'est-à-dire de se perdre presque dans leur identification à l'enfant, si bien qu'elles savent (dans l'ensemble sinon spécifiquement) ce dont le nourrisson a besoin juste à ce moment-là. En même temps, bien sûr, elles restent elles-mêmes, et elles sont conscientes de la nécessité d'une protection pendant qu'elles sont dans cet état qui les rend vulnérables. Elles assument la vulnérabilité du nourrisson. Elles présument aussi qu'elles vont être à même de se retirer de cette position particulière au bout de quelques mois.

C'est de la sorte que les nourrissons ont habituellement l'expérience de conditions optimales lorsqu'ils sont dans une dépendance absolue ; mais il en découle que, pour une certaine proportion, il y en a qui *n'ont pas* cette expérience. Je dis que ces nourrissons-là qui n'ont pas une telle expérience de soins suffisamment bons ne se réalisent pas pleinement, même en tant que nourrissons. Les gènes, ce n'est pas suffisant.

Je ne vais pas poursuivre ce sujet mais il me faut pourtant traiter une autre complication qui m'empêche de développer mon argument. Cela concerne la différence essentielle entre la mère et l'enfant.

La mère, naturellement, a été elle-même un petit enfant. Tout est en elle quelque part, l'agrégat d'expériences lorsque elle-même était dépendante et qu'elle a atteint graduellement l'autonomie. De plus, elle a *joué* à être un bébé tout autant qu'à être mère ou père ; elle a régressé à des façons d'être infantiles au cours de maladies ; elle a peut-être vu sa mère s'occuper de frères et sœurs plus jeunes. Elle peut même avoir reçu une instruction concernant les soins infantiles et elle a peut-être lu des livres, elle s'est peut-être fait ses propres idées de ce qui est bien et mal quand on s'occupe de nourrissons. Naturellement elle est aussi profondément marquée par la coutume locale, en s'y tenant ou en y réagissant, ou en se distinguant par son esprit d'indépendance ou de pionnier.

Le nourrisson, lui, n'a jamais été une mère. Il n'a jamais été un bébé auparavant. Tout est de l'ordre d'une *première expérience*. Il n'y a pas de repères. Le temps n'est pas mesuré par des horloges, ni par le lever ou le coucher du soleil, mais plutôt par le cœur maternel et les rythmes de la respiration, par le flux et le reflux des tensions instinctuelles et d'autres systèmes essentiellement non mécaniques.

Par conséquent, en décrivant la communication entre le nourrisson et la mère, il y a cette dichotomie essentielle – la mère peut se faire petite et revenir à des modes d'expérience infantiles mais le nourrisson, lui, ne peut pas s'enfler et s'élever à la complexité adulte. De la sorte, la mère peut parler ou ne pas parler à son bébé ; cela n'a pas d'importance, ce n'est pas le langage qui fait la différence.

Nous sommes arrivés au point où vous souhaiterez que je dise quelque chose des inflexions qui caractérisent le discours, même lorsqu'il est sophistiqué à l'extrême. Voici un analyste au travail, comme on dit, et le patient est en train de verbaliser et l'analyste d'interpréter. Ce n'est pas simplement une question de communication verbale. L'analyste décèle dans le matériel que le patient lui présente une invite à une verbalisation. La façon dont l'analyste utilise les mots a une grande importance tout comme l'attitude qui sous-tend l'interprétation. Une patiente enfonçait ses ongles dans la peau de ma main à un moment de sentiment intense. Mon interprétation avait été : « Aïe ! » Cela n'impliquait guère mon équipement intellectuel ; ce fut très utile parce que c'est venu *immédiatement* (et non pas après une pause pour réfléchir) et aussi parce que cela montrait à la patiente que ma main était vivante, que cela faisait partie de moi, et que j'étais là pour être utilisé. Ou, devrais-je dire, que je peux être utilisé si je survis.

Quoique la psychanalyse de sujets aptes à l'analyse repose sur la verbalisation, tout analyste sait néanmoins que, parallèlement au contenu des interprétations, l'attitude qui sous-tend la verbalisation a son importance et que cette attitude se reflète dans les nuances et dans le moment choisi, ainsi que de mille manières comparables à la diversité infinie de la poésie.

Par exemple, l'approche non moralisatrice, qui est essentielle à la psychothérapie et au travail social, est communiquée non pas dans les mots mais dans la qualité non moralisatrice du thérapeute ou du travailleur social. C'est au positif la chanson de music-hall dont voici le refrain : « Ce n'est pas tant ce qu'elle dit, que son horrible façon de le dire. »

En termes de soins infantiles, la mère qui en a envie peut manifester une attitude moralisatrice bien avant que des mots comme « méchant » aient un sens pour le nourrisson. Elle peut avoir plaisir à dire gentiment : « Va au diable, petit bougre ! », de telle sorte qu'elle se sent mieux et que l'enfant lui sourit en retour, tout content qu'on s'adresse à lui, fût-ce avec des inepties. Ou plus subtilement encore, dire : « bateau, ciseau, mon bateau s'est renversé », ce qui n'est pas très gentil verbalement, mais constitue une charmante berceuse. Il est même possible pour une mère de montrer à son enfant qui n'a pas encore de langage qu'elle veut dire : « Les foudres du bon Dieu s'abattront sur toi si tu te salis quand je viens juste de te changer », ou, ce qui est tout différent : « Tu ne peux pas faire ça là ! », ce qui implique une confrontation directe des volontés et des personnalités.

Finalement, qu'est-ce qui est communiqué quand une mère s'adapte aux besoins de son nourrisson ? Je me réfère maintenant au concept de *holding*. Utiliser ou même exploiter le terme de *holding* représente une économie précieuse pour décrire le cadre dans lequel les communications principales ont lieu au début de l'expérience de vie du nourrisson. Si j'adopte cette voie – exploiter le concept de *holding* – nous avons alors deux aspects : la mère tient *(holding)* le nourrisson et le nourrisson est tenu *(field)* et passe rapidement par une série de stades de développement qui sont d'une extrême importance pour qu'il s'établisse en tant que personne. *La mère n'a pas besoin de savoir ce qui se passe chez le nourrisson.* Mais le développement du nourrisson ne peut avoir lieu sans être en relation avec la fiabilité humaine du *holding* et du *handling* (maintien et maniement)[1].

On pourrait étudier ou le pathologique ou le normal, et comme il est plus simple d'examiner le normal, c'est ce que je vais faire.

La capacité qu'a la mère de répondre aux besoins qui changent au fur et à mesure du développement de ce nourrisson-là permet à ce nourrisson-là d'avoir une ligne de vie relativement exempte de rupture ; cela permet à ce nourrisson de vivre des états à la fois non intégrés ou de détente en se fiant au maintien actuel, tandis que se répètent des phases de l'intégration qui, elle, fait partie de la tendance congénitale du nourrisson à la croissance. Le nourrisson passe facilement de l'intégration à la paisible non-intégration dans la détente et *vice versa* ; l'accumulation de ces expériences

---

1. Voir « La théorie de la relation parent-nourrisson » (1960), in *La Relation parent-nourrisson*, traduit par Jeanine Kalmanovitch, Paris, Payot, coll. « Petite Bibliothèque Payot », 2011, p. 99-1153.

finit par donner un schéma constituant ainsi le fondement des espérances du nourrisson ; le nourrisson en vient à croire à une fiabilité des processus internes menant, par la voie de l'intégration, à l'unité[1].

Au fur et à mesure du développement, lorsque le nourrisson a acquis un intérieur et un extérieur, la fiabilité à l'égard de l'environnement va donner une foi, un introject reposant sur l'*expérience de la fiabilité* (humaine, et pas mécaniquement parfaite).

N'est-il pas vrai que la mère a communiqué avec l'enfant ? Elle a dit : « Je suis fiable – non pas parce que je suis une machine, mais parce que je sais ce dont tu as besoin ; je veille sur toi et je veux te fournir ce qui t'est nécessaire. C'est ce que j'appelle l'amour à cette étape de ton développement. »

Mais ce type de communication est silencieux. Le nourrisson n'entend pas la communication, ne l'enregistre pas ; il ne perçoit que les effets de la fiabilité, qui se manifestent en termes de poursuite du développement. Le nourrisson ne sait rien de la communication, si ce

---

1. Voir « Le développement affectif primaire » (1945), in *ibid.*, p. 29-67.

n'est d'après les effets de la *défaillance* de la fiabilité. C'est là que s'inscrit la différence entre la perfection mécanique et l'amour humain.

Les êtres humains font défaut encore et encore ; et, au cours des soins ordinaires, une mère est tout le temps en train de réparer ses défaillances. Il ne fait pas de doute que la somme de ces défauts tout relatifs auxquels il est immédiatement remédié constitue éventuellement une communication ; de la sorte, le nourrisson en vient à avoir une idée de la réussite. L'adaptation réussie donne ainsi un sentiment de sécurité, le sentiment d'avoir été aimé. En tant qu'analystes, nous connaissons cela parce que nous faisons tout le temps défaut, nous nous attendons à la colère et nous l'avons en retour. Si nous survivons, on nous utilise. Ce sont les innombrables défaillances suivies de soins vraiment réparateurs qui finissent par constituer une communication d'amour, c'est-à-dire le fait qu'il y a là un être humain qui veille sur l'enfant. Lorsque le défaut n'est pas rectifié dans le temps, les secondes, les minutes, les heures voulues, nous utilisons alors le terme de « déprivation ». Un enfant souffrant de déprivation est celui qui, après avoir connu des défaillances rectifiées, en vient à faire l'expérience de défaillances non recti-fiées. L'enfant passera alors sa vie à provoquer des conditions où il connaîtra à nouveau des défauts réparés, ce qui lui rendra le fil de la vie.

Vous comprendrez que ces milliers de défaillances relatives de la vie normale ne peuvent être comparées aux défauts d'adap-tation flagrants : ceux-ci ne produisent pas de colère parce que le nourrisson n'est pas encore organisé pour être en colère à propos de quelque chose ; la colère implique qu'on garde en mémoire l'idéal qui a été ébranlé. Ces gros défauts de maintien produisent chez les nourris-sons une *angoisse impensable* dont le contenu est le suivant :

s'en aller en morceaux
une chute sans fin
l'isolement complet en raison du manque de
   moyens de communication
la dissociation de la psyché et du soma

Tels sont les fruits de la *privation,* défail-lance de l'environnement essentiellement non réparée.

(Vous vous apercevrez que je n'ai pas eu le temps de parler de la communication avec l'intellect, même l'intellect rudimentaire du nourrisson ; il faut que je me contente de mes références à la partie psyché de l'association psychosomatique.)

On ne peut considérer les gros défauts d'adaptation comme une forme de communication. Nous n'avons pas besoin d'enseigner au nourrisson le fait qu'il peut arriver que les choses se passent très mal. Si les choses vont mal et ne sont pas amendées très rapidement, le nourrisson, alors affecté de façon permanente, souffre d'une distorsion en termes de développement, et la communication est interrompue.

Développement du thème

Peut-être en ai-je assez dit pour attirer l'attention sur les communications silencieuses précoces dans leur forme fondamentale. Je vais y ajouter quelques idées directrices :

a) La vie de l'intercommunication entre la mère et l'enfant est maintenue par des moyens particuliers. Il y a le mouvement qui fait partie de la respiration de la mère, de la chaleur de son sein et même de son odeur qui varie beaucoup. Il y a aussi le bruit de son battement de cœur, un bruit bien connu du bébé – pour autant qu'on ait là une personne qui puisse connaître quelque chose avant la naissance.

On a dans le mouvement de bercement un exemple de ce moyen physique fondamental de communiquer, la mère adaptant ses mouvements à ceux du nourrisson. Le bercement est une assurance contre la dépersonnalisation ou la disparition de l'association psychosomatique. Est-ce que les nourrissons ne varient pas dans leur rythme de balancement ? N'est-il pas possible qu'une mère trouve le rythme de balancement de son bébé trop rapide ou trop lent pour une adaptation naturelle comparée à une fausse adaptation ? En décrivant ce groupe de phénomènes, on peut dire que la communication se fait en termes de réciprocité dans l'expérience physique.

b) Puis il y a le jeu. Je n'entends pas par là l'amusement ou des jeux organisés et des plaisanteries. L'interaction ludique entre la mère et l'enfant fournit un champ qu'on pourrait appeler une aire commune, je dirais un terrain de jeu, le no man's land qui appartient à tout un chacun, le lieu où réside le secret, l'espace potentiel qui peut devenir un objet transitionnel[1], le symbole de la confiance et de l'union entre le nourrisson et la mère, union dénuée d'interpénétration. Donc, ne pas oublier de jouer – c'est dans le jeu que prennent naissance par le vécu l'affection et le plaisir.

c) On pourrait dire encore beaucoup de choses en rapport avec l'utilisation que fait le nourrisson du visage de la mère. Il est possible de considérer le visage de la mère comme le prototype du miroir. Dans le visage de la mère, le nourrisson se voit lui-même. Si la mère est déprimée ou si autre chose la préoccupe, alors bien entendu la seule chose que voit le nourrisson, c'est un visage[2].

d) À partir de là et de ces communications silencieuses, nous pouvons passer aux diverses façons dont la mère rend réel justement ce que le nourrisson est prêt à rechercher, de sorte qu'elle donne au nourrisson la notion de ce

---

1. Voir « Objets transitionnels et phénomènes transitionnels : une étude de la première possession non-moi » (1951), traduit par Jeanine Kalmanovitch, in *Les Objets transitionnels*, Paris, Payot, coll. « Petite Bibliothèque Payot », 2010, p. 25-64.

2. Voir « Le rôle de miroir de la mère et de la famille dans le développement de l'enfant », in *Jeu et Réalité,* traduit par Claude Monod, Paris, Gallimard, 1975.

pour quoi il est prêt à ce moment-là. Le nourrisson dit (pas verbalement bien sûr) : « J'ai justement envie de… » et c'est justement alors que la mère arrive pour changer la position du nourrisson dans son berceau ou vient avec tout ce qu'il faut pour le nourrir et le nourrisson se trouve alors en mesure de terminer la phrase : « …envie de me tourner, d'un sein, d'une tétine, de lait, etc. » Nous, nous devons dire que l'enfant a créé le sein mais il n'aurait pas pu le faire si la mère n'était pas arrivée avec le sein juste au bon moment. La communication faite à l'enfant est de l'ordre de : « Viens vers le monde de façon créative, crée le monde ; il n'y a que ce que tu crées qui a un sens pour toi. » Arrive ensuite : « Le monde est sous ton contrôle. » À partir de cette *expérience d'omnipotence* initiale, le nourrisson est capable de commencer à ressentir la frustration et un jour il arrive même à l'opposé de l'omnipotence, c'est-à-dire à avoir le sentiment de n'être qu'une poussière dans l'Univers, dans un Univers qui était là avant que le nourrisson ait été imaginé et conçu par deux parents qui prenaient plaisir l'un avec l'autre. N'est-ce pas à partir de *être Dieu* que les êtres humains

parviennent à l'humilité propre à l'individualité humaine ?

On pourrait se poser la question : finalement, à quoi sert tout ce qu'on vient de dire sur
les nourrissons et les mères ? Je souhaite pré-
ciser que ce n'est *pas* qu'il nous faut pouvoir
dire aux mères ce qu'il y a à faire ou ce à quoi
elles doivent ressembler. Si d'elles-mêmes
elles ne sont pas mères, nous ne pouvons faire
qu'elles le soient. Nous pouvons bien entendu
éviter d'interférer dans ce qu'elles sont. Mais il
peut y avoir un autre objectif à notre réflexion.
Si, à partir des mères et des nourrissons, nous
pouvons apprendre quelque chose, il nous est
alors possible de tenter de savoir ce que nous
demandent les patients schizoïdes dans leur
type de transfert particulier et de voir si le traitement progresse. Et puis, réciproquement, à
partir des patients schizoïdes, nous pouvons
apprendre comment regarder les mères et les
nourrissons pour observer plus clairement ce
qu'il y a là. Mais *essentiellement,* c'est *d'après*
les mères et les nourrissons que nous appre-
nons quelque chose concernant les besoins des
patients psychotiques ou des patients dans des
phases psychotiques.

C'est à ces stades primitifs de l'intercommunication entre le nourrisson et la mère que la
mère instaure le fondement de la santé mentale
future de l'enfant, et en traitant la mauvaise
santé mentale nous rencontrons nécessairement les éléments des tout premiers défauts
de facilitation du développement. Nous parons
aux défauts, mais (souvenez-vous !) les succès
apparaissent en termes de croissance personnelle que l'environnement a rendue possible
par ce qu'il a assuré avec succès. Car ce que
fait la mère lorsqu'elle « fait suffisamment
bien », c'est de faciliter les processus personnels du développement du nourrisson, lui
donnant ainsi dans une certaine mesure la possibilité de réaliser son potentiel hérité.

Tout ce que nous faisons dans une psychanalyse réussie, c'est défaire les anicroches
du développement et libérer les processus de
développement et les tendances héritées de
ce patient-là. Bizarrement, nous pouvons en
fait modifier le passé du malade de telle sorte
qu'un patient dont l'environnement maternel
n'a pas été suffisamment bon peut se transformer en une personne qui a eu un environnement facilitant suffisamment bon et dont le
développement personnel a donc pu avoir lieu,

quoique tardivement. Quand c'est ce qui arrive, la récompense que reçoit l'analyste est très loin de la gratitude et ressemble beaucoup à ce qu'un parent obtient lorsqu'un enfant parvient à l'autonomie. Dans le contexte d'un maintien et d'un maniement *(holding* et *handling)* suffisamment bons, le nouvel individu en vient alors à réaliser une partie de son potentiel. En quelque sorte, nous avons communiqué silencieusement la fiabilité et le patient a réagi par le développement qui aurait pu avoir lieu dans les stades très précoces du contexte des soins maternels.

Il reste à considérer la question : Est-il possible de dire quelque chose d'utile sur la communication du nourrisson avec sa mère ? Je continue à me référer aux stades très primitifs. Il est certain que quelque chose arrive à ceux qui se trouvent confrontés à l'impuissance supposée être la caractéristique d'un nourrisson. C'est vous jouer un sale tour que de vous laisser un nourrisson sur le pas de votre porte, parce que vos réactions à l'impuissance du nourrisson modifient votre vie et peuvent même entraver les plans que vous avez faits. C'est une évidence, mais il n'est pas inutile de la redéfinir en termes de dépendance, car, bien que le nourrisson soit impuissant dans un sens, on peut dire dans un autre sens qu'un nourrisson a un potentiel énorme qui lui permet de continuer à vivre, à se développer et à réaliser son potentiel. On pourrait aller jusqu'à dire que ceux qui sont dans la position de prendre soin d'un nourrisson se trouvent tout aussi impuissants par rapport à l'impuissance du nourrisson qu'on le dit du nourrisson lui-même. Peut-être pourrait-on y voir un duel d'impuissances.

Poursuivons dans le domaine de la communication du nourrisson avec la mère : pour moi, on pourrait la résumer en termes de créativité et de soumission. Là-dessus, on doit dire que, dans la santé, la communication créative a priorité sur la soumission. Ainsi, si au départ l'enfant va voir et aller vers le monde sur le mode créatif, il peut acquérir la capacité de se soumettre sans perdre la face. Lorsque le schéma est inversé et que la soumission domine, alors nous parlons plutôt de mauvaise santé et ce que nous voyons, c'est une base peu propice au développement de l'individu.

Ainsi, finalement, nous pouvons en venir au fait que le nourrisson communique sur un mode créatif et, avec le temps, devient capable d'utiliser ce qui a été découvert. Pour la plupart des gens, il n'y a pas plus grand compliment que d'être trouvés et utilisés, et je suis donc d'avis que les mots ci-dessous pourraient représenter la communication du nourrisson avec la mère :

- je te trouve ;
- tu survis à ce que je te fais quand j'en viens à te reconnaître comme non-moi ;
- je t'utilise ;
- je t'oublie mais tu te souviens de moi ;
- je continue à t'oublier ;
- je te perds ;
- je suis triste.

ANNEXE

Notes préliminaires à la communication
entre le nourrisson et la mère,
et la mère et le nourrisson :
comparaisons et contrastes
(20 novembre 1967)

Insuffisance des termes courants tels que l'instinct maternel, la symbiose.

Réserves à émettre sur la valeur des études animales.

L'apport de la psychanalyse.

Remarquer que le mot « inconscient » apparaît dans le titre de conférences antérieures mais pas dans ce titre-ci.

La raison : les petits n'étant pas conscients ne sont pas inconscients.

L'accent porte sur les tout premiers stades du développement de la personne qui peut devenir consciente ou inconsciente.

Par contraste : la mère (ou le parent) a toutes les caractéristiques de la personne mature. La mère a été un nourrisson.

Elle a aussi joué à être un parent et on lui a transmis des idées.

Le bébé n'a pas été une mère et n'a joué à rien. Pour aller plus loin, il est nécessaire d'essayer de faire une description des tout premiers stades du développement d'un être humain. Pas le temps d'esquisser plus que :

- la continuité dans la croissance de l'individu ;
- la dépendance, à peu près absolue au début ;
- la menace de ruptures de continuité en réaction aux empiétements ;
- les empiétements considérés comme des défaillances de l'environnement au stade de la dépendance ;
- le relâchement graduel de l'environnement dû à l'accroissement chez l'enfant de la capacité de prévision.

Exemple le plus marquant : le nourrisson communique en étant impuissant, par sa dépendance même.

Il y a – ou non – communication selon que la mère est apte ou non à s'identifier au bébé, à savoir ce qu'est le besoin avant que soient indiqués des besoins spécifiques.

Cela mène à une étude des changements chez la mère (le parent) en rapport avec la grossesse, avec la condition de parent.

Postuler un état particulier, temporaire mais nécessitant le repli comme lors d'une maladie. Dans cet état, la mère est le bébé autant qu'elle-même ; elle ne ressent pas de blessure narcissique lorsque étant identifiée au bébé elle est amoindrie dans son rôle personnel.

Elle peut en avoir peur et on peut l'aider en lui disant que cet état ne dure que quelques semaines ou quelques mois et qu'elle s'en remettra.

Sans cet état passager, il lui est impossible de transformer en communication les besoins infiniment subtils de l'enfant.

La mère communique avec son enfant en sachant ce dont il a besoin avant que le besoin s'exprime en geste.

Puis vient tout naturellement le geste qui exprime le besoin et le parent peut faire face à cette communication par une réponse appropriée. Il en découle une communication délibérée, non seulement communication de besoins de toute nature mais aussi de désirs. Dès lors, la mère peut se sentir libre à nouveau de redevenir elle-même et de frustrer. Il faut que les différents états découlent l'un de l'autre.

La frustration de « je veux » suscite de la colère. Même une non-réponse aux gestes délibérés de « j'ai besoin » peut produire de la détresse et cette communication peut aider la mère à faire ce qui est nécessaire, même si c'est un peu tard.

Par contraste, le défaut de réponse au besoin qui précède le geste délibéré ne peut qu'aboutir à une distorsion du processus de développement infantile – sans aboutir à rien d'aussi bon que la colère.

Il faut noter que toute distorsion du processus de développement infantile s'accompagne d'une angoisse impensable :
- la désintégration ;
- la chute sans fin ;
- la faillite totale des tentatives de relation objectale, etc.

Nos cas limites, ceux qui nous apprennent à comprendre ces choses, gardent en eux des expériences d'angoisse impensable qui sont des défauts de communication au stade de la dépendance absolue.

TABLE

Imprimé par CPI Black Print (Barcelone)
en mars 2024
Dépôt légal : avril 2024

Imprimé en Espagne